一本讀通英文文法・詞性
圖解英文詞性與慣用法

慶應義塾大學文學部英美文學系、多益課程講師

肘井 學 著

韓宛庭 譯

高校の英文法・語法が1冊でしっかりわかる本

前言

本書內容與前作《一本讀通高中英文》屬姊妹作。

託大家之福，前作大受好評，獲得許多人的青睞與捧場。本書亦沿用前作的寫法，加入讀者喜愛的**英文文法實用情境例句及插圖**、強化應用知識的 + α 知識補給站與文法趣味小專欄，謹守「**將英文文法從單一且枯燥乏味的句型規則當中解放，轉化為可靈活運用的規則**」之教學態度，希望能使零散的知識連成線，每條規則變得活潑生動，你就彷彿置身英語圈，聽見當地人的談吐呼吸。

在上一本書裡，我列出了高中英文範圍最重要的文法，本書則依序介紹次級重要的**連接詞、名詞、形容詞 · 副詞、介系詞**等重點基礎文法；其中，我會特別加強**連接詞**與**介系詞**的觀念建立。此外，本書亦新增了**英文慣用法**介紹，教你如何區分動詞的慣用法、形容詞及副詞的慣用法與名詞的慣用法。舉例來說，光是「借來用」的英文就有 rent、borrow、use 這麼多，我們要學習如何正確地使用它們。你可能會想，名詞也有慣用法嗎？有的，光是簡單一句「客人」，就有 customer、guest、client、audience、spectator、passenger 等各式各樣的說法，我會教你如何視場合和情境，正確地區分用法。

本書承襲前作精神，期盼讀者從中體會**英文文法的醍醐味及妙趣**，並透過本書編選的**慣用法**詳解，充分享受拓展語言疆域所帶來的樂趣。

肘井 學

目錄

Part 1　連接詞

Part 2　名詞

Part 3　冠詞

Part 4　代名詞

Part 5　形容詞、副詞

Part 6　介系詞

〔英文文法專欄〕

內文設計：二之宮匡（NIXinc）

插畫：藤田 hiroko

本書的 5 大特點

第1點 清晰易讀的解說！一看就懂的插圖！

　　本書最大的目標，是把「英文文法從單一且枯燥乏味的句型規則當中解放，轉化為**可靈活運用的規則**」，把乍看看不出所以然的文法關聯變得清晰可見，並仔細說明每條規則的由來及原因，舉出具體實例來幫助你理解。如此一來，零散的知識就會連成線，讓你體驗到英文文法的醍醐味。

第2點 從小學到老，終生受用！

　　本書針對還沒進入高中的**國中生、高中生，以及社會人士和國高中生的家長**所編選，讓你學會終生受用的英文文法。

第3點 鍛鍊4項英文技能

　　英文文法是支撐英文「**聽、說、讀、寫**」4 項能力的重要地基。本書將**英文文法實際對應到 4 項技能**，設計出一套專屬練習，並將內容整理書末。請盡量活用本書教授的英文文法，一併提升英語的 4 項能力。

第4點 ＋α 知識補給站

　　每篇 Lesson 皆整理了**應用文法及英文文法的趣味小知識**給大家，兼具實用及娛樂性。

第5點 英文文法大揭祕專欄

　　這條規則是怎麼來的？根據是什麼呢？本書將逐一解開這些謎團，幫助你了解英文文法有名的規則是如何演變而來，並從眾說紛紜的版本裡，挑選最能引發學習興趣的版本介紹給大家。

鍛鍊4種英文技能

聽力 × 閱讀能力訓練

聽力和閱讀能力有一個共同點：它們都屬於接收型能力，可同時鍛鍊。

Step 1 播放英語朗讀，同步跟著唸

用「同步朗讀（shadowing）」的方式，1 個句子重複練習 10 次左右。前 5 次可以看著英文唸，後 5 次請單靠聽力照著唸。如此一來，就能同時鍛鍊聽力和閱讀能力。為了在這段期間盡量不受母語影響，此部分只有放英文，沒有放翻譯。不知道意思的時候，請往前確認翻譯吧。

說話能力訓練

Step 2 播放英語朗讀，按下暫停鈕，複述內容

用「聆聽 & 複述（Listen & Repeat）」的方式，不仰賴英語朗讀，自己動口還原內容。反覆進行這項訓練，就能學會自然而然開口說英語。1 個句子請重複練習 5 次左右。

書寫能力訓練

Step 3 回答書末的英文造句填空問題

本書在書末的 4 技能鍛鍊單元設計了英文造句填空。想要提升寫作能力，實際動手寫才是捷徑。本書教授的扎實文法，可以有效加強寫作能力。

本書的使用說明

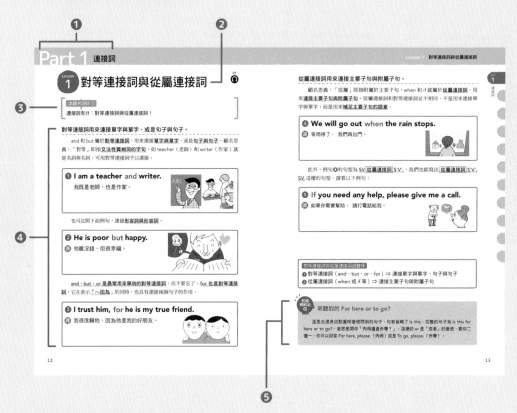

❶ 各 Part 介紹的單元

❷ 此跨頁的學習項目

❸ 每個學習項目的重點

❹ 英文例句、 翻譯及解說。 由此了解
句型結構與翻譯方式。

❺ 應用知識及趣味小知識補充站。

❻ 4種英文技能鍛鍊頁面。 請下載音
檔, 一邊聆聽道地的英語發音, 一
邊閱讀英文, 同時發聲唸出來。 也
可一邊聆聽道地的英語發音, 一邊
練習寫。

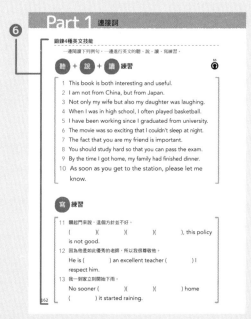

如何下載音檔

書中標示「」符號上方的數字，即檔案內的音軌編號。

掃描以上 QR Code，
進入雲端空間，即可下載本書音檔。

Lesson 1 對等連接詞與從屬連接詞

01

> **本課 POINT！**
> 連接詞有分：對等連接詞與從屬連接詞！

對等連接詞用來連接單字與單字，或是句子與句子。

　　and 和 but 屬於**對等連接詞**，用來連接**單字與單字**，或是**句子與句子**。顧名思義，「對等」即指**文法性質相同的字句**，如 teacher（老師）和 writer（作家）就是名詞與名詞，可用對等連接詞予以連接。

---

❶ I am a teacher and writer.

我既是老師，也是作家。

也可比照下面例句，連接**形容詞與形容詞**。

❷ He is poor but happy.

譯 他雖沒錢，但很幸福。

　　and、but、or 是最常用來舉例的對等連接詞，但不要忘了，for 也是對等連接詞。它在表示「～因為」的同時，也具有連接兩個句子的作用。

❸ I trust him, for he is my true friend.

譯 我很信賴他，因為他是我的好朋友。

從屬連接詞用來連接主要子句與附屬子句。

顧名思義，「從屬」即指附屬於主要子句，when 和 if 就屬於**從屬連接詞**，用來**連接主要子句與附屬子句**。從屬連接詞和對等連接詞並不相同，不是用來連接單字與單字，而是用來**補足主要子句的語意**。

❹ We will go out when the rain stops.

🈯 等雨停了，我們再出門。

此外，例句❹的句型為 SV 從屬連接詞 S'V'. ，我們也能寫出 從屬連接詞 S'V', SV. 這樣的句型，請看以下例句：

❺ If you need any help, please give me a call.

🈯 如果你需要幫助，請打電話給我。

對等連接詞與從屬連接詞總整理
❶ 對等連接詞（and、but、or、for）⇒ 連接單字與單字、句子與句子
❷ 從屬連接詞（when 或 if 等）⇒ 連接主要子句與附屬子句

知識補給站 α　**常聽到的 For here or to go?**

這是去速食店點餐時會被問到的句子，句首省略了 Is this，完整的句子為 Is this for here or to go?，意思是問你「內用還是外帶？」。這裡的 or 是「或者」的意思，要你二選一，你可以回答 For here, please.（內用）或是 To go, please.（外帶）。

13

Lesson 2 相關連接詞

02

本課 POINT！

相關連接詞要注意前面出現的單字！

　　相關連接詞會使用 and、but、or 來表示事物之間的關聯性。顧名思義，「相關」是兩樣有關的東西，如 both A and B「既 A 且 B」或 either A or B「不是 A 就是 B」，B 會跟 and 或 or 前面出現的單字 A 配對使用。

使用and的相關連接詞

　　使用 and 的相關連接詞，首先介紹 both A and B「既 A 且 B」。

❶ This book is both interesting and useful.

譯 這本書既有趣又實用。

　　接著來看 between A and B「在 A 與 B 之間」。這個句型也會用在口語對話，用 between you and me 來表示「僅限你我之間」＝「偷偷跟你說」，也就是悄悄話、關起門來說的意思。

❷ Between you and me, this policy is not good.

譯 關起門來說，這個方針並不好。

使用but的相關連接詞

　　接著來看使用 but 的相關連接詞，首先介紹 not A but B「不是 A 而是 B」。這裡的 but 不能翻成「但是」。辨別方法是看到 not 之後，確認後面有沒有 but，有的話就知道這是一個對等句。

　　請注意，此用法常常把 not A 移到後面，寫成 B, not A。完整的句子為 but B, not A，但因為這樣寫就不需要用 but 做連接，所以 but 會直接省略。這就是 **B, not A**「是 B 不是 A」的由來。

---

❸ I am not from China, but from Japan.

🈡 我不是中國人，而是日本人。

❸' I am from Japan, not from China.

🈡 我是日本人，不是中國人。

中國　　日本

　　接著介紹 not only A but also B「不只 A 還有 B」。請注意，這個用法常常省略 also。前面教的 not A but B 用來表示對等關係，not only A but also B 則用來表示追加資訊，當你想表達除了 A 資訊之外，還有 B 資訊時，就會用到這個句型。

　　附帶一提，同樣的句子也可寫成 B as well as A「不只 A 還有 B」，兩者的意思一模一樣。

---

❹ Not only my wife but also my daughter was laughing.

🈡 不只我太太，連我女兒也笑了。

❹' My daughter as well as my wife was laughing.

🈡 不只我太太，連我女兒也笑了。

使用or的相關連接詞

　　最後介紹使用 or 的相關連接詞，代表句型為 either A or B「A 或 B」。如果只用 or 沒有 either，二選一的語氣會更強烈。

❺ Either you or I have to take care of her.

㊟ 你或我必須有一人顧著她。

　　接著看，在 either 和 or 加上 n 表示否定的 neither A nor B「A 和 B 都沒有～」。

❻ Neither he nor his wife has arrived.

㊟ 他和他太太都還沒到。

相關連接詞總整理

❶ 會用到 and 的　⇒　both A and B「既 A 且 B」
　　　　　　　　　　　between A and B「在 A 與 B 之間」

❷ 會用到 but 的　⇒　not A but B「不是 A 而是 B」
　　　　　　　　　　　not only A but also B「不只 A 還有 B」

❸ 會用到 or 的　⇒　either A or B「A 或 B」
　　　　　　　　　　　neither A nor B「A 和 B 都沒有」

命令句＋對等連接詞及同格的 or

　　對等連接詞還有其他應用方式，像是將 and 或 or 跟命令句搭配使用，就會產生不同的意思。舉例來說，「命令句……, and……」會變成「請……，如此一來……」，前後產生了因果關係。

Get up early, and you'll be on time for school.

🈯 請早點起床，如此一來上學就不會遲到。

　　相對地，如果寫成「命令句……, or……」就會變成「請……，否則的話……」，可以用來表示警告。

Get up early, or you'll be late for the party.

🈯 請早點起床，否則的話參加派對會遲到。

　　下面是應用篇，請留意句子當中的 or。

We must leave now, or we'll miss the train.

🈯 我們必須立刻出發，否則的話會錯過這班火車。

　　這也是「命令句……, or……」，只是裡面使用了助動詞 must 替代命令句，兩者意思相同。must（必須）是一種語氣強烈的助動詞，相當於命令句。

　　最後來看以下例句：

I am interested in botany, or the study of plants.

🈯 我對植物學很感興趣，換句話說，我喜歡研究植物。

　　例句中用的 or 稱作「同格的 or」，翻譯成「換句話說」。同格表示同位關係，即「前面＝後面」，or 前方的逗號視為分水嶺。我們可從「對植物學很感興趣＝喜歡研究植物」的同位關係，辨識出同格的 or。

03

Lesson 3　從屬連接詞①（時間）

> **本課 POINT！**
>
> when 表示「時間」、while 表示「期間」、before、after 表示「之前、之後」、since 表示「以來」。

when表示「時間」，while表示「期間」。

　　從屬連接詞的作用是連接主要子句和從屬子句，其下又按照語意分類為：時間、原因・因果關係及條件組別。在表時間的組別裡，最簡單的就是 when「～的時候」。

> **❶ When I was in high school, I often played basketball.**
>
> 譯 我讀高中的時候經常打籃球。

　　「大學的時候」、「高中的時候」、「國中的時候」、「小學的時候」……以此類推，when 在英語會話裡是相當簡單好用的連接詞，但我一開始也弄錯了它的用法，不小心說成 when I was a high school student 並被英語圈人士提醒：「我們通常不會這樣用，**只說 when I was in high school 就行囉！**」這件事我至今仍記憶猶新。

　　當然，我的說法並沒有文法上的錯誤，只是不是英語圈人士的慣用說法。對英語圈人士來說，回想此類情境時，不會聯想到「我還是一個高中生的時候」，而是「我還在念高中的時候」。因此請記住，「當我還是大學生時」要說成 when I was in university、**「當我還是高中生時」要說成 when I was in high school、「當我還是國中生時」要說成 when I was in junior high school、「當我還是小學生時」要說成 when I was in elementary school**……以此類推，這是一個簡便的說法，多唸幾遍就會記住。

　　接著是 while「～的期間」，像是「不在家的期間」、「等待的期間」、「外出的期間」等……。while 用來表示**「一段期間」**。

> **❷ My mother came while I was out.**
>
> 譯 母親在我外出的期間來到我家。

before、after表示「之前、之後」

然後是 before「～前」與 after「～後」。我們直接看例句吧。

❸ **You have to wash your hands before you eat lunch.**

譯 吃午餐前記得洗手。

❹ **After you finish the book, please lend it to me.**

譯 那本書等你看完後請借我看。

since表示「以來」

since 用在時態上表示「～以來」。舉例來說，「大學畢業以來」寫成 since I graduated from university。更精確地說，這個「以來」帶有「自從～之後」的語感，因此基本上會跟完成式搭配使用，請特別留意。

❺ **I have been working since I graduated from university.**

譯 我從大學畢業後就在工作了。

從屬連接詞①（時間）總整理
when 表示「時間」、while 表示「期間」、before 表示「之前」、after 表示「之後」、since 表示「以來」

Lesson 4　從屬連接詞②（原因、因果關係）

04

> **本課 POINT！**
>
> 原因用 because、since、as；因果關係用 so (such) … that。

　　跟原因有關的連接詞常與「結論」一起出現；因果關係則是「因為和所以」之間的關聯。

跟原因有關的連接詞：because、since、as

　　表達原因最具代表的連接詞就是 because「因為～」，通常擺在主要子句的後面。

---

❶ I studied English hard because I liked it.

譯 我會這麼拚命讀英文是因為我喜歡它。

　　接著看 since「因為～」。這個字多放在句首，用來表達顯而易見的原因和理由。我在 Lesson 3 提到，since 也能用來表示時態，意思是「～以來」，但在表達時態時，會跟完成式搭配使用，因此，當你看到沒有完成式的 since，就知道是用來表達原因。

---

❷ Since I had a cold, I went to bed early yesterday.

譯 因為我感冒了，所以昨天很早睡。

Since
I had a cold

　　最後是 as「因為～」，這是描述原因的連接詞裡語氣最弱的，和 since 一樣，多放在句首。

---

❸ As I didn't have any money, I couldn't go out.

譯 因為我沒錢，所以不能出門。

Part
1
連接詞

so(such) … that表示因果關係

so … that「因為如此……以至於」是一種因果關係，that 的前面是原因，後面是結果。舉例來說，「這部電影如此刺激」是原因，「半夜睡不著」則是引發的結果。

❹ **The movie was so exciting that I couldn't sleep at night.**

譯 因為這部電影如此刺激，以至於我半夜睡不著。

接著看長得很像的 such...that，意思也是「**因為如此……以至於**」，是一種因果關係。與 so...that 的差異在於詞類不同，**so 是副詞，後面不能接名詞，要接副詞或形容詞**。而 **such 是形容詞，後面要接名詞**。如同下方例句，因為 such 是形容詞，所以後面用了名詞 an excellent teacher。

❺ **He is such an excellent teacher that I respect him.**

such an excellent → respect teacher

譯 因為他是如此優秀的老師，所以我很尊敬他。

從屬連接詞②（原因、因果關係）總整理
● because「因為～」、since「因為～」、as「因為～」
● so (such) ... that「因為如此……以至於」

知識補給站 α

英文的資訊結構

我在左頁提到，because 通常擺在後面，since、as 則多擺在句首，為什麼會這樣呢？這跟英文的資訊結構規則有關。在英文的資訊結構表達裡，資訊會從舊的流向新的，因此，句首會擺不是那麼重要、對方已知的舊資訊，並且把重要的新資訊放在句尾。because 用來表達重要的訊息，所以多半放在後面；since 和 as 只是稍微提一下原因，語氣較弱，所以常放在前面。

Lesson 5 從屬連接詞③（條件、讓步）

> **本課 POINT！**
>
> 附加條件用：if、unless；讓步用：though、although、while、whether。

　　條件副詞子句的連接詞，除了 p.13 介紹過的 if「如果～」之外，還有否定的 unless「除非～」。讓步則是指「儘管～」，這是一種**先提出反向說法，使根據獲得認同，藉此加強說服力的表達方式**。

附加條件的連接詞：if 和 unless

　　由於 if 已在 p.13 的例句❺介紹過了，在此直接介紹附加否定條件的 unless「**除非～**」。這個詞**通常擺在後面**，如同下方例句，直譯就是「我會去接你，**除非下雪**」，表示**例外**的情形。

---

❶ **I'll pick you up, unless it snows.**

譯 我會去接你，除非下雪。

　　下面介紹**表示讓步的連接詞**。

讓步的連接詞：though、although、while

　　although 是「**儘管～**」，though 也是一樣的意思，兩者的差別在於 although 是比較生硬的用詞，適合用在文章裡，口語表達通常會用 though。

---

❷ **Although he is old, he is very active.**

譯 儘管他已經很老了，動作仍相當靈活。

---

　　although（though）除了放在句首，也可以放在後面，**意思都是「儘管」，可配合語意需求來使用。**

❸ I went to work yesterday, though I had a little fever.

譯 我昨天有去上班，儘管我還有些發燒。

　　表示讓步的連接詞還有 while「儘管～」，但用法也不太一樣。請看例句④，意思是說「儘管他很內向，但是他的太太很外向」，前後出現對比。

❹ While he is shy, his wife is outgoing.

譯 儘管他很內向，但是他的太太很外向。

Shy outgoing

　　總結來看，**條件的連接詞有 if「如果～」與反義的 unless「除非～」；讓步的連接詞有 although（though）、while「儘管～」**。

從屬連接詞③（條件、讓步）總整理
- if「如果～」、unless「除非～」＝表示例外情形
- although (though)、while「儘管～」

知識
補給站
α

好用的 whether...or not

　　whether 也有近似讓步的意思，寫成 whether...or not「無論……與否」。whether 這個字的性質非常適合加上 or not，記得搭配使用。如下方例句所示，用來表達「通常來說，我們可以避開討厭的事，但這次即使討厭依然得做」。

Whether you like it or not, you have to do your homework.

譯 無論你喜不喜歡，你都必須把回家作業做完。

Lesson 6 連接詞that①

> **本課 POINT！**
>
> that 作連接詞時，可用來組成名詞子句，或是表示同格。

　　that 最為人所知的意思是「那個」，但在詞性的分類上，「那個」只是**代名詞**。that 還有更重要的功能，就是**當作連接詞來用**，主要用來**組成名詞子句**，或是**表示同格**。

名詞子句的that「～這件事」可以擔任句子的S、O、C

　　名詞子句的 that 藉由「～這件事」來組成名詞子句，本身則可當作句子裡的主詞（S）。例如 that he is married（他已經結婚了這件事）就是一個名詞子句，that 在句子裡擔任主詞。

---

❶ That he is married is surprising.
It is surprising that he is married.

譯 我很訝異他已經結婚了。

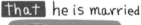

　　此外，如同例句❶，當 that 擔任名詞子句裡的主詞時，**按照英文的寫作習慣，會在句首加上形式主詞 it，把 that 挪到後面**，這樣比較自然。

　　而例句❷的 that he is married 則是當作受詞（O）。

---

❷ I know that he is married.

譯 我知道他已經結婚了。

　　最後來看當作補語（C）的 that he is married。例如 the fact is that～．「事實是～」，這邊也可以翻成「事實上」。

---

❸ The fact is that he is married.

譯 事實上，他已經結婚了。

名詞子句的 that 當作補語的常見用法，請參照下方表格。

The 名詞 is that～. 的用法	直譯	轉譯
The fact is that～.	事實是～	事實上
The trouble（problem）is that～.	問題是～	問題出在
The probability is that～.	可能性是～	恐怕是

接著來看**同格的 that**。

同格的that句型：名詞＋that～「～這樣的 名詞 」

同格表示**同位關係**，即「**前面＝後面**」。名詞 ＋ that ～這個句型的意思是「～這樣的 名詞 」，名詞與「分水嶺 that」後面的～具有同位關係，因此簡稱「同格的 that」，例如 the fact that you are my friend（你是我朋友這個事實）。

---

❹ **The fact that you are my friend is important.**

🈂 你是我朋友這個事實很重要。

常與同格的 that 搭配使用的名詞，請參照下方表格。

與同格的 that 搭配使用的名詞	意思
the fact that～	～這樣的事實
the news that～	～這樣的通知
the idea that～	～這樣的想法

連接詞 that ①總整理
● **名詞子句的 that**「～這件事」⇒ 可以擔任句子的 S、O、C
● **同格的 that**「～這樣的 名詞 」⇒ the fact that ～、the news that ～等

Lesson 7 連接詞that②

07

so that S ＋助動詞 表示「目的」；～, so that 表示「結果」；in that 表示「原因」。

本課介紹連接詞 that 搭配其他字詞的用法。so that S ＋ 助動詞 是「好讓 S……」；～, so that 是「～,（造成的結果）……」；in that 是「基於這點」。

so that S＋助動詞 表示「目的」

so that S ＋ 助動詞「好讓……」用來表示「期望的目的」，依照前後文的脈絡，也能直接看成「目的」。這個句型的重點在助動詞，常跟 can、will、may 等搭配使用。

❶ **You should study hard so that you can pass the exam.**

譯 你必須非常用功，好讓考試及格。

在少數情形下，so that 也會用來表示結果。這個用法的辨識特徵是 so that 的前面會出現逗號，完整的句型為「～, so that…」，即「～,（造成的結果）……」。

❷ **The manager is here now, so that the meeting can start.**

譯 經理到了，（造成的結果）可以開會了。

so that 的用法分成「目的」和「結果」。表「目的」時，後面會接助動詞；表「結果」時，so that 的前面會出現逗號，可作為辨識標記。

in that表示「原因」

一般來說，介系詞的後面不會接 that，in that「基於這點」則是特定用法。

❸ **Men differ from animals in that they can think and speak.**

㊙ 人類和動物的差別在於能夠思考及說話。

bow-wow

hello

　　如同例句❸，in that 的意思是「**差別在於**」，視情形也能翻成「**因為這樣**」。此外，例句❸也能看成「由於人類能思考及說話，所以跟動物不一樣」，是在說明「原因」。還有一個跟 in that 語意相反的字叫 except that「**除去這點**」，也是介系詞的例外用法。

❹ **I had a pleasant time, except that the weather was cold.**

㊙ 除去很冷這點，我玩得很開心。

┌─連接詞 that ②總整理─┐
【目的】
● so that S 助動詞 「好讓……」
【結果】
● ～, so that ...　　「～，（造成的結果）……」
【原因】
● in that「基於這點」　⇔　except that「除去這點」

知識
補給站
α　**as 也有「如同」的意思**

　　我在 p.20 的例句❸介紹過 as 表「原因」的用法，在此一併補充，as 也有「如同」的意思，例如慣用句：as you know（如你所知）。

As you know, we are running short of money.

㊙ 如你所知，我們資金不足。

Lesson 8 從其他詞類借來用的連接詞 08

本課 POINT！

從副詞（副詞片語）與介系詞片語借來用的連接詞。

連接詞裡還有一種是**從其他詞類借來用的**。當副詞變成連接詞時，意思也會不太一樣，用意是組成一連串有意義的子句，需要特別留意。

從副詞（副詞片語）借來用的連接詞

有些副詞和副詞片語也會當作連接詞來使用。舉例來說，副詞的 once 是指「一次」，當作連接詞來用時，會組成 Once S'V', SV「**S'V' 一次之後，SV**」這樣的句型，可以用來表達「去過一次就會愛上」等情形。

❶ **Once you visit the country, you will like it.**

譯 只要去過一次那個國家，你一定會愛上它。

接著看 now，副詞的 now 指「現在」，當作連接詞來用時，會組成 Now that S'V', SV.「**S' 已經 V' 了，SV**」這樣的句型，可以用來表達「她已經成年了，請把她當作成年人」等情形。

❷ **Now that she is an adult, you should treat her as such.**

譯 她已經是成年人了，請你把她當作成年人來看待。

接著看「每次」的副詞 every time 當作連接詞時會怎麼用吧。句型為 Every time S'V', SV.「**每次 S'V'，SV**」。意思相當於 Each time。

❸ Every time I listen to the song, I feel very happy.

(譯) 每次聽到這首歌，我都會感到很開心。

以下介紹從介系詞片語借來用的連接詞。

從介系詞片語借來用的連接詞

例如介系詞片語 by the time「到……的時候」，變成連接詞的句型為 By the time S'V', SV.「在 S'V' 之前，SV」，可以用來表達「想要在……之前做……」等情形。

❹ By the time I am thirty, I want to get married.

(譯) 我想在 30 歲之前結婚。

最後介紹介系詞片語 in case「以防萬一」，變成連接詞的句型為 SV in case S'V'.「以防 S'V'，SV」，可以用來表達「以防下雨」、」「以防下雪」、「以防迷路」等情形。

❺ You should leave now in case it rains.

(譯) 以防下雨，你應該現在出發。

從其他詞類借來用的連接詞總整理

【副詞】

● **Once** S'V', SV.　　　　　　　「S'V' 一次之後，SV」

● **Now (that)** S'V', SV.　　　「S' 已經 V' 了，SV」

● **Every (Each) time** S'V', SV.　「每次 S'V'，SV」

【介系詞片語】

● **By the time** S'V', SV.　　　　「在 S'V' 之前，SV」

● SV **in case** S'V'.　　　　　　「以防 S'V'，SV」

Lesson 9 容易混淆的連接詞

09

> **本課 POINT！**
>
> 學習分辨 whether 和 if，以及 until 和 by the time！

　　前面介紹過 whether「無論」與 if「如果」在副詞子句的用法，由於意思不同，使用上並不會混淆。但是，**當 whether 和 if 出現在名詞子句時，兩者的意思都是「與否」**，使用上就會出現混亂。

名詞子句的 whether 和 if 差在哪裡？

　　名詞子句的 whether「與否」可以用來當作主詞、受詞及補語。舉例來說，它可以組成 **whether you do it yourself or not（是不是你自己做的）**這樣的名詞子句。和副詞子句一樣，**whether 常與 or not 一起出現**，可把這個用法背下來。

---

❶ Whether you do it yourself or not is important.

🔤 是不是你自己做的才重要。

　　反觀名詞子句的 if，就無法像例句❶一樣當作主詞。名詞子句的 if 只能當作受詞來用，而且幾乎都是 **know 或 wonder 的受詞**，或是在 **ask O₁ O₂「向 O₁ 問 O₂」**這個句型當作 O₂ 來用。例如下方的名詞子句 if she will like the present（她喜不喜歡這個禮物）就是 know 的受詞。

---

❷ I don't know if she will like the present.

我不知道她喜不喜歡這個禮物。

　　因此，whether 和 if 在名詞子句的差異就是：**if 雖然可以當作受詞，但無法當作主詞和補語**。如果你不知道要用哪個，就選萬用的 whether 吧。

下面教你如何分辨 until 和 by the time。

until 和 by the time 差在哪裡？

until 和 till 都是「一直……直到」的意思。until 多用在文章，till 多用在口語。until 有連續的意思，例如「一直吃」、「一直等」，但後面一定有個「直到」，原因會在後面說明。

---

❸ **He always eats until he is full.**

譯 他總是吃到很飽才停。

而 by the time 是「到……的時候」，常常用來表達「晚了一點」例如「到……的時候已經結束」、「到……的時候已經抵達」。

---

❹ **By the time I got home, my family had finished dinner.**

譯 我到家的時候，我的家人已經吃完晚餐了。

如果把 until 和 till 都記為「直到」，很容易造成混淆，建議分開記成「一直……直到」及「到……的時候」，才能正確區分兩者的意思。

容易混淆的連接詞總整理

● 名詞子句的 whether 「與否」⇒ 可作句子裡的 SOC
　⇔ 名詞子句的 if 「與否」⇒ 可作句子裡的 O
● until（till）「一直……直到」 ⇔ by the time「到……的時候」

Lesson 10　「一⋯⋯就」

> **本課 POINT！**
>
> 「一⋯⋯就」分成 as soon as 和 no sooner A than B。

　　首先要知道，「**一⋯⋯就**」有 **as soon as** 和 **no sooner A than B** 兩種英文可用。as soon as 是連接詞，no sooner A than B 則是副詞＋連接詞，要分開理解才不會造成混亂。

as soon as S'V', SV. 「S'一V'，就SV」

- -

　　soon 本來是副詞的「不久」，在這裡加上了原級比較 as ～ as，變成 **as soon as S'V', SV. 「S'一V'，就SV」**，發揮了連接詞的作用，可用來表達「一到車站立刻通知」等情形。

---

❶ As soon as you get to the station, please let me know.

譯　請你一到車站立刻通知我。

　　這邊也可以把 as soon as 換成 the momoent，寫成 **The momoent S'V', SV.，兩者意思幾乎一模一樣**。momoent 是「此刻」，即「一⋯⋯就」。

---

❶ The moment you get to the station, please let me know.

譯　請你一到車站立刻通知我。

　　接著來看 **no sooner A than B** 差在哪裡。

no sooner A than B「一A就B」

由於 no sooner A than B「一 A 就 B」裡的 no sooner 是副詞，所以要放在過去完成式的 had 及過去分詞之間，可以用來表達「我一到家就睡著了」等情形。

❷ **I had no sooner gotten home than I fell asleep.**
譯 我一到家就睡著了。

除此之外，no sooner A than B 這個句型也能替換成 hardly A when B 和 scarcely A before B，兩者的意思皆為「一 A 就 B」。

❷' **I had hardly gotten home when I fell asleep.**

❷" **I had scarcely gotten home before I fell asleep.**

「一……就」總整理
● **as soon as**（the moment）S'V', SV.「S' 一 V'，就 SV」
● **no sooner A than B**（hardly A when B、scarcely A before B)「一 A 就 B」

知識
補給站
α

留意 no sooner 的倒裝句！

由於 no sooner（hardly、scarcely）是副詞，所以可以擺在句首。要注意的是，表否定的副詞放在句首時，後面會變成倒裝句（問句的句順）。hardly、scarcely 也是「幾乎不」的意思，兩者都是表否定的副詞，放在句首時，後面會出現倒裝。

No sooner had I gotten home than it started raining.
譯 我一到家立刻開始下雨。

此外，從「一 A 就 B」的翻譯即看出，A 與 B 有時間上的先後順序，A 先，B 後，所以 A 要用過去完成式，B 要用過去式。

Part1 連接詞總整理

Lesson 1 對等連接詞與從屬連接詞
Lesson 2 相關連接詞

● 對等連接詞（and、but、or、for） 連接單字與單字、句子與句子
　相關連接詞
　　• both A and B「既 A 且 B」、between A and B「在 A 與 B 之間」
　　• not A but B「不是 A 而是 B」、not only A but also B「不只 A 還有 B」
　　• either A or B「A 或 B」、neither A nor B「A 和 B 都沒有～」
● 從屬連接詞（when 或 if 等） 連接主要子句與附屬子句

Lesson 3～5 從屬連接詞（時間、原因、因果關係、條件、讓步）

● 表示時間的連接詞（when「時間」、while「期間」、before「之前」、after「之後」、since「以來」）
● 表示原因、因果關係的連接詞（because「因為～」、since「因為～」、as「因為～」、so (such) … that「因為如此……以至於」）
● 表示條件的連接詞（if「如果～」、unless「除非～」）
● 表示讓步的連接詞（although (though)、while「儘管～」）

Lesson 6、7 連接詞 that ①、②

● 名詞子句的 that「～這件事」、同格的 that「～這樣的 名詞 」
● so that S ＋ 助動詞 「好讓……」
● ～, so that…「～,（造成的結果）……」
● in that「基於這點」；except that「除去這點」

Lesson 8 從其他詞類借來用的連接詞

● Once S'V', SV 「S'V' 一次之後，SV」
● Now that S'V', SV. 「S' 已經 V' 了，SV」
● Every (Each) time S'V', SV. 「每次 S'V'，SV」
● By the time S'V', SV. 「在 S'V' 之前，SV」
● SV in case S'V'. 「以防 S'V'，SV」

Lesson 9 容易混淆的連接詞

●名詞子句的 whether「與否」= 可作句子裡的 SOC
　　↔ 名詞子句的 if 「與否」= 可作句子裡的 O
● until (till)「一直……直到」 by the time「到……的時候」

Lesson10「一……就」

● as soon as (the momoent) S'V', SV.「S' 一 V'，就 SV」
● no sooner A than B (hardly A when B、scarcely A before B)「一 A 就 B」

COLUMN

英文文法專欄①

解開no sooner A than B之謎！

　　我自己讀高中的時候，完全靠著死背，把 no sooner A than B「一 A 就 B」和 as soon as「一……就」硬是記下來。在此，我們稍微停一下，想想這兩個文法的意義。它們共通的單字是什麼呢？沒錯，是 soon；soon 的意思是「不久」。我們再來看一次 p.33 的例句❷。

> **例 I had no sooner gotten home than I fell asleep.**
>
> **譯** 我一到家就睡著了。

　　此句可把 than 後面的句子當作基準，直譯為「我睡著與我到家，中間沒有間隔」。no 是強烈否定，所以是「沒有間隔」。也就是說，從左到右按照英語語順翻譯的話，整句話的意思為「我在到的同時睡著了」。因此，no sooner A than B 即「同時」。

　　接著看 hardly A when B 和 scarcely A before B。因為 before 較易於聯想，所以我用這句來舉例。

> **例 I had scarcely gotten home before I fell asleep.**
>
> **譯** 我一到家就睡著了。

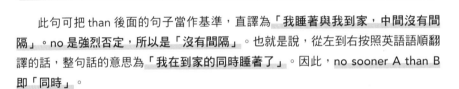

這邊要注意，由於 hardly、scarcely 都是否定語，表示「幾乎不」，直譯過來就是「**我睡著與我到家，中間幾乎沒有間隔**」。也就是說，從左到右按照英語語順翻譯的話，就是「**我一到家就睡著了**」，即「**一 A 就 B**」。

> **例 As soon as you get to the station, please let me know.**
>
> **譯** 請你一到車站立刻通知我。
>
>

最後來看上方的 as soon as，這個文法也用了 soon（不久），但是多了原級比較 as ～ as（一樣），組合起來就會變成「**請你到車站的同時通知我**」，順一下即為「**請你一到車站立刻通知我**」。

以上就是 no sooner A than B「**一 A 就 B**」和 as soon as「**一……就**」的文法由來。只要知道 soon 表示「不久」、「立刻」就能融會貫通。

no sooner A than B 為「**B 與 A 的動作之間沒有間隔**」＝「**A 與 B 的動作同時發生**」，即一般常見的「**一 A 就 B**」。as soon as 則為「**S' V' 與 SV 同時發生**」，即一般常見的「**一……就**」。

Lesson 11 可數名詞與不可數名詞

12

> **本課 POINT！**
> 英語的名詞分成「可數」與「不可數」兩種。

英語的名詞分成**可以數的名詞與不可以數的名詞**，可以數的名詞稱為**可數名詞**，不可以數的名詞稱為**不可數名詞**。

不可數名詞前面不加 a（an），後面也不會加表示複數的 s。

可數名詞與不可數名詞的差別在於，不可數名詞不能計算，所以前面不會加表示單數的冠詞 a、an，後面也不會加上複數 s。像是 information（資訊）就是不可數名詞的代表例子，你不會看到表示單數的 an information 或是複數形 informations。

> ✗ **an information**
>   **informations**

此外，不可數名詞的「多」與「少」也需要注意。

不可數名詞的「多」與「少」會用 much 和 little。

表達不可數名詞的「多」時，**不能像可數名詞一樣使用 many**，相對地，**要用 much** 來表示。例如不可數名詞的代表例子 money，表達「很多錢」時，我們不會說 many money，而會說 much money。

> ✗ **many money**
> ⇒○ **much money**

同樣地，表達不可數名詞的「少」時，**不能像可數名詞一樣使用 few**，相對地，**要用 little** 來表示。例如，我們不會說 few money，而會說 little money。

> ✗ **few money**
> ⇒○ **little money**

接著為你介紹可數名詞與不可數名詞通用的字。

可數名詞與不可數名詞都能使用：a lot of 與 some

當你無法區分可數名詞與不可數名詞時，不妨使用通用的 a lot of（很多）吧。a lot of 是個方便的字，可數名詞與不可數名詞皆能用。我舉個例子，像 furniture（家具）就是一個不可數名詞，想要表達「**很多家具**」時，只要說 a lot of furniture 就行了。

❶ There is a lot of furniture in this shop.

🈟 這間店裡有很多家具。

我在本課的開頭寫到，不可數名詞的前面不加表示單數的冠詞 a、an，但這表示不可數名詞的前面什麼都不用加嗎？事實上，連英語母語人士也覺得前面不加東西怪怪的，所以通常會加個 some。

❷ I need some information about this place.

🈟 我需要一些關於這個地方的資訊。

可數名詞與不可數名詞總整理

a lot of	可數名詞	不可數名詞
多	many	much
少	few	little
a、an	○	×
複數形	○	×
a lot of	○	○
some	○	○

Lesson 12 不可數名詞的種類

> **本課 POINT！**
> 不可數名詞分成 3 種：相似物件的統稱、物質名詞、抽象名詞。

　　不可數名詞讓人不解的地方在於「為什麼不能數？」，我在 Lesson11 曾用 money 來舉例，但是，**money 是不可數名詞的根據到底是什麼呢？**一枚硬幣、兩枚硬幣、一張鈔票、兩張鈔票……錢不是能數嗎？

money 是「錢的統稱」

　　事實上，硬幣的英文叫做 coin，鈔票的英文叫做 bill，和 money 不一樣。**money 是含 coin 和 bill 在內的「所有錢類的統稱」**，無法 1、2、3 地去數，所以屬於不可數名詞。

> **相似物件統稱的不可數名詞**
>
> ❶ **money（coin ＋ bill）**
> **＝「錢的統稱」**
>
>

　　同樣地，我在 p.39 的例句❶提到 furniture（家具）是不可數名詞，一定也使人納悶吧。一張桌子、兩張桌子、一張椅子、兩張椅子……這些家具不是能數嗎？但嚴格地說，桌子叫做 desk，椅子叫做 chair，它們並不是 furniture 這個字。**furniture 是含 desk 和 chair 在內的「所有家具類的統稱」**，所以跟 money 一樣是不可數名詞。

> **相似物件統稱的不可數名詞**
>
> ❷ **furniture（desk ＋ chair）**
> **＝「家具的統稱」**
>
>

接著是「**行李**」，美式英語叫 baggage，英式英語叫 luggage，這也是不可數名詞。為什麼「行李」不能數呢？包包和行李箱總能數吧？敏銳的你想必已經察覺，baggage 這個字和 bag 及 suitcase 不一樣，是「**全部行李類的統稱**」。

相似物件統稱的不可數名詞

❸ **baggage（bag ＋ suitcase）
＝「行李的統稱」**

然後是 water（水），水也是不可數名詞。但我第一次聽到時也很納悶，心想：「一瓶水、兩瓶水，不是能數嗎？」事實上，我當時想到的並不是水，而是裝水的瓶子，英語叫做 bottle，我說的情形其實是 a bottle of water，因為瓶子是可以數的。

物質名詞不能數

英語的 water 指的是液體的水，液體當然沒辦法 1、2、3 地數了。描述「一瓶水」或「一杯水」時，記得要說 a bottle of water 及 a glass of water.

❹ **I would like a glass of water.**
(譯) 給我一杯水。

和水同屬液體的 milk（牛奶）也是物質名詞，所以是不可數名詞。此外要注意，bread（麵包）、paper（紙）、chalk（粉筆）全是不可數名詞。你可能會想到「一塊麵包、兩塊麵包、一張紙、兩張紙、一根粉筆、兩根粉絲……」，但這全出自於中文的思考習慣，在英語裡，bread、paper、chalk 聯想到的會是素材本身，所以是不能數的物質名詞。

「一塊麵包」叫 a piece of bread，「一張紙」叫 a sheet of paper，「一根粉筆」叫 a piece of chalk，前面要寫成 a ＋ 名詞 ＋ of 才能描述數量。

屬於物質名詞的不可數名詞

● 液體類　water （水）、 milk （牛奶）
● 素材類　bread （麵包）、 paper （紙）、 chalk （粉筆）

　　接著來看不可數名詞的最後一類：抽象名詞——那些肉眼不可視的名詞。

抽象名詞也不能數

　　p.38 出現過的 information（資訊）即肉眼不可視的抽象名詞，所以是不可數名詞。其他還有像是 work（工作）也屬於模糊的抽象概念，是不可數名詞；由此衍生而來的 homework（回家作業）也屬於籠統的抽象概念，一樣是不可數名詞。

❺ I have to finish a lot of homework.

譯 我必須寫完一大堆家庭作業。

a lot of homework

　　補充一點，美式英語的 assignment（任務、功課）指的是實際上被指派的課題，所以是可數名詞。不可數名詞是指 work、homework、information，以及 news（新聞）、advice（建議）等**跟資訊有關的單字**。以下是**抽象名詞**的分類。

屬於抽象名詞的不可數名詞

● 工作類　work （工作）、 homework （回家作業）
● 資訊類　information （資訊）、 news （新聞）、 advice （建議）

Part
2

名詞

不可數名詞的種類總整理

● 相似物件的統稱（money、furniture、baggage 等）
● 物質名詞（water、milk、bread、paper、chalk 等）
● 抽象名詞（work、homework、information、news、advice 等）

解開不可數名詞之謎！

　　本課介紹了這麼多不可數名詞，但卻有個大問題：我們只用「不可數」的「否定意義」來分類這些詞，若從肯定的角度來看，這些詞又是什麼概念呢？

　　如同前面的說明，不可數名詞分成 3 種，分別是：**相似物件的統稱、物質名詞、抽象名詞**，這些名詞共通的特徵是什麼呢？我們不妨反過來思考，不可數名詞是「數不出來的名詞」，所以也是「**可以計算分量的名詞**」。舉例來說，many 和 few 用來表示「**數量的多寡**」，所以拿來形容**可數名詞**；相對地，much 和 little 則用來表示「**分量的多寡**」，所以拿來形容**不可數名詞**。

　　你可以反過來想，money 是指「多少分量的金錢呢？」、furniture 是指「多少分量的家具呢？」、water 是指「多少分量的水呢？」、bread 是指「多少分量的麵包呢？」；information（資訊）、homework（回家作業）「又是多少分量呢？」，如此一來，就能漸漸看出不可數名詞的本質。

不可數名詞 ➡ 可以計算「分量」的名詞

不是數量，要看分量喔

money　　furniture　　water　　bread

數時要用　　　數時要用　　　數時要用

a piece of ~　　a glass of ~　　a slice of ~
　　　　　　　a bottle of ~　　a piece of ~

Lesson 13 複數的用法

> **本課 POINT！**
>
> 雙向複數及複數總稱。專欄介紹：使用複數意思會變的名詞、常態性使用複數的名詞。

在英語的表達裡，有些情境會刻意使用複數，例如「**交朋友**」，英文不說 make friend with，而是 make <u>friends</u> with。

---

❶ I made friends with his daughter.

譯 我和他的女兒成為了朋友。

英語是從俯瞰的角度來看待事物

我們不妨在此停下來思考。如果單從自己的角度來看「交朋友」，很容易只聯想到「對方一人」。但是，英語習慣**從俯瞰的角度看待事物**，因此自然會認為「**交朋友」是雙向的**，這就稱作「**雙向複數**」。以下是雙向複數的常用範例：

雙向複數範例

- make friends with ～ 「交朋友」
- shake hands with ～ 「握手」
- change trains 「換車」

從俯瞰的角度來看，shake hands with「握手」需要兩個人兩隻手才能完成；change trains「換車」也需要兩台車才能換車。接著來看看**複數總稱**是什麼吧。

舉例來說，「我喜歡貓」這句話要怎麼翻譯呢？我想大部分人都能正確寫出 I like，但接下來就會猶豫要用哪個冠詞，究竟是 a cat 還是 the cat 呢？這種時候，英文會使用**複數總稱**。

指該名詞的整體時要用複數

想要表達「我喜歡貓」這個整體概念時，英文不用 a 或 the，直接使用複數形即可。**用複數表達該名詞的整體——這個用法就叫「複數總稱」**。以後請充滿自信地說 I like cats. 吧。

❷ I like cats.

譯　我喜歡貓。

同樣地，「我喜歡狗」、「我喜歡鳥」、「我喜歡蘋果」，全部都用**複數總稱** I like dogs (birds, apples). 表達即可。這是相當方便的文法，請好好善用它。

複數的用法總整理
● 雙向複數
　・**make friends with**　「交朋友」
　・**shake hands with**　「握手」
　・**change trains**　　　「換車」
● 複數總稱
　⇒指該名詞的整體時要用複數

Part2 名詞總整理

Lesson11 可數名詞與不可數名詞

	可數名詞	不可數名詞
多	many	much
少	few	little
a、an	○	×
複數形	○	×
a lot of	○	○
some	○	○

Lesson12 不可數名詞的種類

● 相似物件的統稱（money、furniture、baggage 等）
● 物質名詞（water、milk、bread、paper、chalk 等）
● 抽象名詞（work、homework、information、news、advice 等）

Lesson13 複數的用法

● 雙向複數
  • make friends with 「交朋友」
  • shake hands with 「握手」
  • change trains 「換車」
● 複數總稱
  ⇒ 指該名詞的整體時要用複數

英文文法專欄②
使用複數意思會變的名詞

　　我在 Lesson12 提到，**由於 work（工作）屬於籠統概念，所以是不可數名詞**。但嚴格地說，是取「工作」的意思時屬於不可數名詞。這個字同時具有「作品」的意思，**如果是指「作品」，work 這個字就能使用複數來表示**。

例 **I like her works very much.**

譯 我非常喜愛她的作品。

　　以下為你介紹使用複數意思會變的名詞。

使用複數意思會變的名詞

● work （工作） ⇒ works （**作品**）
● paper（紙） ⇒ papers（**論文、 報紙**）
● custom （習俗） ⇒ custom （**關稅**）

---

　　paper 取「紙」的意思時屬於物質名詞，所以是不可數名詞。但是取**「論文」或「報紙」的意思**時，因為可以一份一份地去數，所以是**可數名詞，能用複數來表示**。同樣地，**custom**（習俗）是不可數名詞，**加了 s 意思就會變成「關稅」**。

　　英文還有一個地方需要注意，例如 glasses（眼鏡），它是**二合一式的單字**，所以會用 a pair of glasses（一副眼鏡）。以下是**常態性使用複數**的名詞。

常態性使用複數的名詞

● **a pair of glasses** （**scissors, shoes**） 眼鏡 （剪刀、 鞋子）

---

　　a pair of 雖然是「**一副、一雙……**」，但很多時候不翻出來比較符合中文邏輯。

Part 3 冠詞

Lesson 14 冠詞的基本用法

> **本課 POINT！**
> 可數名詞不加冠詞時，用來表達「該名詞本身的目的」。

　　冠詞是放在名詞前面，用來表示名詞性質的一種詞，其中又分成：**不定冠詞 a、an 與定冠詞 the。加上冠詞可使名詞變得更加鮮明具體**，因此一般來說，可數名詞都會加上冠詞，但是，**英文也能藉由「不加冠詞」來傳達特殊訊息。**

go to bed（睡覺）為何不加冠詞呢？

　　go to bed（睡覺）是國中就學過的單字，但是，**為什麼是翻成「睡覺」而不是「去床上」呢？**如果我們在 bed 前面加上冠詞 a，不是更能具體聯想到床板、床腳、床墊，或是枕頭嗎？這是因為，**想要表達「睡覺」的目的時，並不需要特別強調床的形體。**bed 是**可數名詞，通常習慣在前面加上冠詞；不加冠詞時，則用來強調該名詞本身的「目的」。**床的目的是「睡覺用」，所以 go to bed 是「去床上」＝「睡覺」。

---

❶ I went to bed at ten last night.

譯 我昨晚十點睡覺。

　　以下為你整理**不加冠詞的可數名詞特殊用法。**

> **可數名詞不加冠詞表達 「目的」 的例子**
> ● **go to bed** （睡覺）、 **go to school** （上學）、 **go to church** （做禮拜）
> ● **by bus** （搭公車）、 **by train** （搭電車）、 **on foot** （步行）
> ● **at table** （吃飯）、 **at sea** （航海）

go to school 也不是真的在指「去學校」，而是指**學校本身的目的「讀書上課」**，「去學校讀書」＝「上學」。go to church 也是同樣的道理，指的是**教會本身的目的「做禮拜」**，「去教會做禮拜」＝「做禮拜」。

移動方式的 by 後面為何不加冠詞呢？

英文還有一條規則：**交通方式的 by 後面不加冠詞**。原因同前，表達「**我搭公車來**」時，重點是**交通方式，不需要特別強調公車的形體**，所以 bus 的前面不加冠詞，會直接用 by bus。其他還有 by train（搭電車）、on foot（走路）等，也是因為**不需要強調「電車」和「腳」的形體**，所以不加冠詞。

另外，如果是「我坐她的車子過來」，因為會具體聯想到「她的車」，所以會用 in her car。

❷ **I came here by bus.**

譯 我搭公車來。

同樣地，at table 是為了強調桌子的目的「吃飯」，at sea 則是強調來海上的目的「航海」。

> 冠詞的基本用法總整理
> ● 一般來說，可數名詞會加 a、an 或 the
> ● 可數名詞不加冠詞時，用來表示目的（例如 go to bed 是指「睡覺」）

17

Lesson 15 不定冠詞（a、an）的用法

> **本課 POINT！**
> a (an) ＋ 專有名詞 & 其他用法。

　　一般而言，**人名、國家等專有名詞的前方，不需要加不定冠詞（a、an）**。不定冠詞主要加在無特定人事物的名詞前，如果那樣東西已經有自己的專屬名詞，在一般的情形下，前面不需要加不定冠詞。今天若是看見 a Japan 或 a Mike，你也會覺得怪怪的吧。

a (an)＋ 專有名詞 指「眾多品項當中的一項（一人）」

　　a (an) 指「一個」，如果加在專有名詞前，表示**「眾多品項當中的一項」**。舉例來說，如果我們在 Sony 或是 TOYOTA 的品牌名稱前加上 a (an)，代表什麼意思呢？答案是**「眾多 Sony 產品當中的一項」、「眾多 TOYOTA 產品當中的一項」**。如果是 TOYOTA 產品，多半是指「**TOYOTA 汽車**」。

---

❶ I gave him a TOYOTA for his birthday.

🈟 我送了 TOYOTA 汽車當他的生日禮物。

　　接著來看在人名前加 a (an) 的情形。例如 He thinks he is an Einstein. 這句便是指「他認為自己是**眾多像愛因斯坦一樣的天才當中的一人**」。愛因斯坦常用來比喻天才，此外還有愛迪生也很常用，He thinks he is **an Edison.** 是說「他認為自**己是和愛迪生一樣聰明的其中一人**」。

---

❷ He thinks he is an Edison.

🈟 他認為自己就像一位愛迪生。

另一個情形是「佐藤打電話來，但是不知道是哪一位佐藤」。這時只要在人名前加上不定冠詞，變成 a Mr. Sato，即能表示「**眾多佐藤當中的一位佐藤**」。

❸ **I had a call from a Mr. Sato.**

（譯）我接到一位佐藤先生打來的電話。

接著來看表示「1」的不定冠詞用法。

表示one「1」的不定冠詞（a、an）用法

a (an) 的其中一個用法**相當於 one「1」**，用來表示**無特定人事物的一個單數**，例如「羅馬不是一天造成的」的「一天」，直接寫成 a day 即可。

❹ **Rome was not built in a day.**

（譯）羅馬不是一天造成的。

最後看**意思相當於per（每個）的 a**。a month 就是 per month，即「每個月」。

❺ **He earns 100,000 yen a month.**

（譯）他每個月賺 10 萬日圓。

不定冠詞（a、an）的用法總整理
- a（an）＋ 品牌名稱 「～牌當中的一項產品」
- a（an）＋ 偉人 「就像眾多～天才當中的一人」＝「就像～」
- a（an）＋ 姓氏 「眾多～先生 / 小姐的其中一人」＝「一位～先生 / 小姐」
- a（an）＝one「1」
- a（an）＝per「每個」

18

Lesson 16　定冠詞（the）的用法

> **本課 POINT！**
>
> 加上 the 之後，會對該名詞產生共同認知！

　　the 被稱作定冠詞，它可以當作一種信號，用來強調後方的名詞，使作者和讀者之間、說話者和聆聽者之間，**針對這個名詞產生共同認知**。

用 the 指前面提到的名詞

　　the 最容易聯想也最為人所知的用法，就是**用來指「前面提到的名詞」**。舉例來說，當你想要表達「我昨天看了一部電影，**這部電影很好看**」這樣的語意時，就可以用 **the 來強調這部電影，藉此與對話者之間產生共同認知**。

> **❶ I saw a movie yesterday.**
> **The movie was very interesting.**
>
> 譯 我昨天看了一部電影，這部電影很好看。

最高級的前面會加 the

　　比較的最高級也會加上 the。舉例來說，提到「日本最高峰」，說話者與聆聽者之間自然會產生共同認知。任誰都知道，日本最高峰是富士山。

> **❷ Mt. Fuji is the highest mountain in Japan.**
>
> 譯 富士山是日本最高峰。

絕無僅有的東西前面會加the

　　the 也有絕無僅有的意思，像是「月亮」、「太陽」、「地球」等，這些東西已具有普遍認知，英語會用 the moon、the sun、the earth 來表示。

❸ **Look at the moon. It's very beautiful.**

譯 快看月亮， 它美呆了。

最後來看看 the ＋ 形容詞 的用法。

the＋形容詞 表示「這些人」

　　the ＋ 形容詞 是「這些人」的意思。例如 the old 為「老年人」、the young 為「年輕人」、the rich 為「有錢人」、the poor 為「窮人」……以此類推。

❹ **It is important to respect the old.**

譯 尊敬老年人是相當重要的一件事。

　　事實上，the ＋ 形容詞 的後面省略了 people。例句❹本來應該寫成 the old people，在此可直接省略。

> 定冠詞（the）的用法總整理
> ● **the** 代表共同認知 ⇒ 前面提到的名詞、最高級、絕無僅有的東西
> ● **the** ＋ 形容詞 ⇒「這些人」（the old 為「老年人」、the young 為「年輕人」等）

知識補給站 α　**the 也可以表示「哪國人」**

　　除了上述提到的簡便用法 the ＋ 形容詞 表示「這些人」之外，表示日本人或英國人時，也可以使用 the。例如，the Japanese people 可以簡寫成 the Japanese、the British people 可以簡寫成 the British，以此類推。

The British are similar to the Japanese in some ways.

譯 英國人和日本人有些相似之處。

Part3 冠詞總整理

Lesson14 冠詞的基本用法

● 一般來說，可數名詞會加 a、an 或 the
● 可數名詞不加冠詞時，用來表示目的（go to bed 是「睡覺」等）

Lesson15 不定冠詞（a、an）的用法

● a（an）＋ 品牌名稱 「～牌當中的一項產品」
　 a（an）＋ 偉人 「就像眾多～天才當中的一人」＝「就像～」
　 a（an）＋ 姓氏 「眾多～先生／小姐的其中一人」＝「一位～先生／小姐」
● a（an）＝ one「1」
● a（an）＝ per「每個」

Lesson16 定冠詞（the）的用法

● the 代表共同認知　前面提到的名詞、最高級、絕無僅有的東西
● the ＋ 形容詞 「這些人」（the old 為「老年人」、the young 為「年輕人」等）

英文文法專欄③

解開V＋ 人 ＋ 介系詞 ＋the＋ 身體部位 之謎！

　　英語有個困難的句型為：V＋ 人 ＋ 介系詞 ＋ the ＋ 身體部位 。但只要了解裡面的 the 代表什麼意思，就能一點就通。舉例來說，catch 人 by the arm 的意思為「抓住別人的手臂」。

例 I caught her by the arm.

譯 我抓住她的手臂。

　　在這個句型裡，SVO 的 O 對應到人，可看出動作的對象，by 的後面放的 the 用來指出特定部位。要注意，不要寫成 catch her by her arm。附帶一提，這邊的 by 是「經由」的 by，所以整個句子的意思為「經由手臂抓住人」＝「抓住別人的手臂」。同類的句子還有 pat 人 on the shoulder，意思為「拍別人的肩膀」。

例 He patted her on the shoulder.

譯 他拍了她的肩膀。

　　如同上一句，這句的前面已經有 her，明白動作的對象，所以後面不再寫出 her shoulder，直接寫成 the shoulder。拍肩是手掌與肩膀「接觸」，所以介系詞要用 on。最後來看 look A in the eye，意思為「看別人的眼睛」。

例 The teacher looked me in the eyes.

譯 老師看了我的眼睛。

　　本句的 look 特別用了及物動詞。look 的後面是「人」，其後方再用 the 來指出特定部位。因為是「看進眼裡」，所以前面的介系詞要用 in。

　　以上就是 V ＋ 人 ＋ 介系詞 ＋ the ＋ 身體部位 的句型由來。

Lesson 17 人稱代名詞與格

20

> **本課 POINT！**
> 代名詞分成「人稱」與「格」。

　　代名詞用來替代前面出現過的名詞。替代人名（Mike、Kate 等）的代名詞，就稱作「**人稱代名詞**」。本課專門介紹人稱代名詞與格。

「人稱」即「說話者」、「聆聽者」與「其他人」。

　　先釐清「人稱」的定義。人稱用來區分：說話的人、聆聽的人與其他人。說話者為第一人稱、聆聽者為第二人稱，其他人為第三人稱。此外，倘若**主詞為第三人稱單數，時態為現在，動詞後面就要加 s（es）**，這是英文相當重要的文法：**現在式的第三人稱單數動詞要加 s**。例如「我的哥哥在東京工作」，英文就要說 My brother works in Tokyo.，**動詞 work 記得要加 s**。

---

❶ My brother works in Tokyo.

🈡 我的哥哥在東京工作。

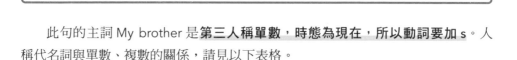

　　此句的主詞 My brother 是**第三人稱單數，時態為現在，所以動詞要加 s**。人稱代名詞與單數、複數的關係，請見以下表格。

人稱代名詞	單數	複數
第一人稱	I	we
第二人稱	You	you
第三人稱	第一、第二人稱以外（he / she / it 等）	they

第一人稱單數是 I，複數是 we。第二人稱的單數和複數一樣都是 you。第三人稱單數是第一、第二人稱以外的 he / she / it 等，複數是 they。

「格」分成「主格」、「所有格」與「受格」。

格是名詞與人稱代名詞為因應句子的需求，所產生的不同的寫法，可以用來展現該詞與其他詞句之間的關係。「主格」當主詞；「所有格」是在「的」後面接名詞；「受格」當受詞。舉例來說，如果用「我」當主詞，主格就是 I。而「你的錢包」的「你的」要用所有格 your，寫成 your wallet。

> ❷ **I like your wallet better than mine.**
> 譯 比起我的錢包，我更喜歡你的錢包。

your wallet　my wallet → mine

「我的錢包」是 my wallet，但是例句❷的**前面已經出現過 wallet，所以後面用了所有格代名詞 mine。所有格代名詞是一種人稱代名詞，表示「的」**，用法是 所有格 ＋ 名詞 。關於「人稱代名詞的格」與「所有格代名詞」，詳細請參照以下表格。

人稱代名詞的格	主格	所有格	受格	所有格代名詞
第一人稱	I	my	me	mine
	we	our	us	ours
第二人稱	you	your	you	yours
第三人稱	he	his	him	his
	she	her	her	hers
	it	its	it	
	they	their	them	theirs

我們可以按照 I-my-me-mine 的順序從左唸到右，藉此反覆記憶。**主格**當主詞；**所有格**表示「的」；**受格**當受詞。表格最右排的**所有格代名詞**指的是 所有格 ＋ 名詞 。**裡面除了 mine 和 theirs 寫法不同之外，其他都是所有格加上 s**。his 的所有格本來就是 his，在所有格代名詞也是同一個字。

Lesson 18 反身代名詞

21

> **本課 POINT！**
> 注意使用反身代名詞的慣用語！

　　反身代名詞是一種**加上 self 的人稱代名詞**，指「自己」，作用是把重點拉回主詞上。**第一人稱、第二人稱在所有格加上 -self(-selves)**，寫成 myself / ourselves / yourself / yourselves。**第三人稱在受格加上 -self(-selves)**，寫成 himself / herself / itself / themselves。

反身代名詞的寫法
- 形單數加 -self／複數加 -selves。
- 第一人稱、第二人稱在所有格加上 -self（myself / ourselves / yourself / yourselves）。
- 第三人稱在受格加上 -self（himself / herself / itself / themselves）。

　　以下為反身代名詞一覽表。

人稱	單數	複數
第一人稱	myself	ourselves
第二人稱	yourself	yourselves
第三人稱	himself／herself／itself	themselves

　　接著實際來看反身代名詞的用法。

受詞就是主詞時

　　首先來看，當**及物動詞的受詞就是主詞**時。常見例句有「請坐下」，Please seat yourself.。使用命令句或 Please 開頭的句子，由於主詞是 You，要將受詞拉回主詞身上時，就要使用反身代名詞 yourself。此用法之所以通俗，是因為比起不及物動詞 sit down，英語圈人士更偏好**使用及物動詞當受詞**的句型。

❶ **Please seat yourself.**

譯　請坐。

　　接著來看，在句尾和名詞後方接反身代名詞，用來**強調主詞**的例子。

用來強調主詞時

　　舉例來說，I went to Sapporo myself. 這一句，就是**為了強調代名詞 I 而在最後使用 myself** 的用法，意思是「去札幌的人是我」。

❷ **I went to Sapporo myself.**

譯　去札幌的人是我。

　　接著來看**使用反身代名詞的慣用語**。

help oneself to 指「自行取用」

help oneself to 是表達「別客氣，自己拿」時會用到的重要慣用語，指「自行取用」，直譯是「自己幫助自己」＝「自己拿來吃」。

❸ **Please help yourself to the cake.**

🈟 請自己拿蛋糕吃。

make oneself understood指「語言通不通」

make oneself understood 直譯的意思是「使人理解我說的話」，但主要指「語言通不通」，多數時候用來表達「我用非母語的語言說話，結果他們聽不懂」等否定句。

❹ **I could not make myself understood in French.**

🈟 我說的法語沒能讓他們聽懂。

繼續看下一個慣用語。

make oneself heard指「有沒有聽見我說話」

make oneself heard 直譯的意思是「使人聽見我說話」，但主要指「有沒有聽見我說話」，多數時候用來表達「旁邊太吵，聽不見我說話」等否定句。

❺ I could not make myself heard in the shop.

譯 在這間店裡沒人聽見我說話。

　　我在前面介紹過幾個跟代名詞有關的慣用句，其中**和人有關的通稱為「人稱代名詞」**。人稱代名詞裡，所有格＋名詞的稱作「所有格代名詞」；在所有格與受格加上 self 的稱作「反身代名詞」。

人稱代名詞	● 主格／所有格／受格（I／my／me 等） ● 所有格代名詞＝所有格＋名詞（mine 等） ● 反身代名詞（-self／myself 等）

反身代名詞總整理
【反身代名詞的寫法】
● 單數加 -self／複數加 -selves。
● 第一人稱、第二人稱在所有格加上 -self（myself／ourselves／yourself／yourselves）。
● 第三人稱在受格加上 -self（himself／herself／itself／themselves）。
【反身代名詞的用法】
● 他動詞的受詞就是主詞時（Please seat yourself. 等）
● 用來強調名詞、代名詞時（I went to Sapporo myself. 等）
● help oneself to ～「別客氣，自己拿」⇒ 自行取用
● make oneself understood「使人理解我說的話」⇒ 語言通不通
● make oneself heard「使人聽見我說話」⇒ 有沒有聽見我說話

Lesson 19 如何區分one、it、that

> **本課 POINT！**
>
> one 是「相同種類的東西」，it 是「就是那個東西」。

one 既是數量詞「一個」，同時也可作為**代名詞**，用來指**不特定名詞**。

one 是「相同種類的東西」

舉例來說，**「我弄丟了錢包，必須買一個新錢包」**這一句，遺失的錢包無法買回來，所以**用代名詞的 one 來指相同種類的物品**。

---

❶ I've lost my wallet. I have to buy a new one.

譯 我弄丟了錢包，必須買一個新錢包。

接著來看 it。

it 是「就是那個東西」

it 指的是**前面出現過的名詞本物**，**「就是那個東西」**。舉例來說，「我弄丟了錢包，你知道它在哪裡嗎？」這一句，因為找的是**同一個錢包**，所以要用 it。

---

❷ I've lost my wallet. Do you know where it is?

譯 我弄丟了錢包，你知道它在哪裡嗎？

---

one 和 it 都具有替代前面出現過的名詞的作用，**與前面的名詞是相同種類的物品時要用 one；與前面的名詞是同一個物品時要用 it**。我們繼續看其他用法。

代名詞也會因為前面出現過的名詞是「可數名詞」或是「不可數名詞」而改變。one 表示「一個」，是可計算的，所以用作可數名詞的代名詞。相反地，money 等不可數名詞的代名詞要用 it。舉例來說，表達「我借你錢，如果你需要錢」時，由於「錢」是不可數名詞，第二次出現時，代名詞不能用 one，要用 it。

3 I will lend you some money if you need it.

譯　如果你需要用錢，我可以借你錢。

最後來看 that 的用法。that 和 it 一樣，指前面的名詞「那個」。決定性的不同是，it 不能加修飾語，that 可在後面加修飾語。因此，例如「札幌的人口是這個城市的三倍多」這一句，想要加上修飾語「這個城市的人口」並使用代名詞時，就需要派出 that 而不是 it。

4 The population of Sapporo is three times as large as that of this city.

譯　札幌的人口是這個城市的三倍多。

附帶一提，假設前面的名詞為複數，後面又想加修飾語時，代名詞要用 those。

如何區分 one、it、that 總整理

● one：與前面出現過的名詞為相同種類
　　⇔ it：就是前面出現過的名詞本物
● 不可數名詞用 it
　　⇔ 可數名詞用 one（因為 one 是「一個」）
● it 的前後無法加修飾語
　　⇔ that（those）後面可加修飾語

Lesson 20　表示兩個、三個以上的代名詞

> **本課 POINT！**
> both 和 either 表示「兩個」，all 和 any 表示「三個以上」。

　　both「**雙方**」指兩樣東西，all「**全部**」指整體，因此也可用作代名詞。

both 替代「兩個」，all 替代「三個以上」。

　　both 和 all 都是指「在場所有對象」，但如同 both 字面上的意思「**雙方**」所示，它替代的對象為「兩個」。例如表達「這兩個人都……」時，要使用 **both** of the men。

> ❶ **Both of the men are my coworkers.**
> 譯　這兩個人都是我的同事。

　　接著來看 all，all 跟 both 都是指「在場所有對象」，但用在「三個以上」。例如表達「這三個女人」時，要使用 all of the three women。

> ❷ **All of the three women were absent from the meeting.**
> 譯　這三個女人通通沒來開會。

　　下面教你如何區分 either 和 any。

either 替代「兩個」，any 替代「三個以上」。

---

　　either of 名詞 是「兩個 名詞 都……」的意思，替代對象為「兩個」。

> ❸ **You can invite either of them to the party.**
> 譯　你可以邀請他們兩個來參加派對。

any of 名詞 是「任何一個 名詞 都……」的意思，替代對象為「三個以上」。例如表達「這裡有很多書，每一本你都可以帶走」時，就可以說 You can take **any** of these。

❹ **There are many books. You can take** any **of these.**

🈁 這裡有很多書，每一本你都可以帶走。

neither 替代「兩個」，none 替代「三個以上」。

either 加上 n 就是表示否定的 neither，**替代對象為「兩個」**，意思為「**兩個都不**」。

❺ **I have two cars; neither of them is expensive.**

🈁 我有兩台車，兩台都不貴。

none **替代對象為「三個以上」**，意思為「**全都不**」。

❻ **None of them agreed to my idea.**

🈁 他們沒人贊同我的想法。

表示兩個、三個以上的代名詞總整理	
兩個	三個以上
both「雙方」	all「全部」
either「兩個都」	any「任一」
neither「兩個都不」	none「全都不」

Part 4 代名詞

Lesson 21 需要注意的代名詞

24

> **本課 POINT！**
>
> A of ～是「A的～」，這邊的 A 可填入代名詞、複數名詞，以及對象具體的名詞！

作為代名詞來用的 A of ～有幾個需要注意的地方。

A of ～的「A」可放入代名詞

A of ～是「A的～」，「A」可放入代名詞。例如 each「各個」和 every「每個」，each 本身便具有代名詞的性質，所以可直接寫成 each of ～；而 every 僅具有形容詞的性質，所以不能寫成 every of。

---

❶ Each of the boys is interested in soccer.

(譯) 這些男孩各個都對足球有興趣。

如同 each 這個字的意思「各個」，因為焦點放在每一個單數，所以動詞要用 is。接著看 most「大部分」，意思很類似 almost「幾乎」。由於 most 本身便具有代名詞的性質，所以可直接寫成 most of ～；而 almost 僅具有副詞的性質，所以不能寫成 almost of。

---

❷ Most of the girls in those days played volleyball.

(譯) 當時的女孩大部分都打過排球。

以下為你整理 A of ～常用的代名詞。

> **A of ～「A 的～」常用代名詞**
>
> ● each of ～「各個」／ either of ～「兩個之一」
> ● most of ～「大部分」／ some of ～「一部分」
> ● all of ～「全部」（＊沒有 every of ～和 almost of ～的用法）

下面來看要注意的地方。

A of ～的「～」要使用複數名詞及對象具體的名詞！

A of ～的「～」有使用規則，**如果～為可數名詞，請填入複數名詞**。如同前面提到的範例句型，「各個」、「兩個之一」、「大部分」、「一部分」、「全部」……它們全是複數，由此可知，**～必須為複數，否則句型無法成立**。

> **❸ I didn't understand some of the lecturers.**
>
> 譯　有一部分的課程內容我聽不懂。
>
>

最後要注意，A of ～的「～」必須填入**對象具體的名詞**。像是 most of people 就不能使用，因為不確定指的是哪些人。這時，請在名詞前面加上 the，變成 most of the people。此外，也**可使用對象明確的代名詞**，如 most of us，或**使用所有格 most of my family，使名詞所指的對象變得明確具體**。

> **❹ Most of us work too much.**
>
> 譯　我們幾乎都工作過度了。
>
>

以下為你統整 A of ～的注意點。

需要注意的代名詞總整理

● A of ～的「A」可放入代名詞

　⇒ **each of（○）、every of（×）／ most of（○）、almost of（×）**

● A of ～的「～」若是可數名詞要用複數（some of the lecturers 等），或者使用對象具體的名詞（加上 the、對象明確的代名詞、使用所有格標示名詞）。

Lesson 22 the other 和 another

> **本課 POINT！**
>
> 有沒有加 the？有沒有加 an？是單數還是複數？

　　本課教你區分 the other、the others、others 及 another。這四個字的區分關鍵為：**有沒有加 the？有沒有加 an？是單數還是複數？**

the other 是「剩下的一個」

　　the other 因為有加 the，所指的對象必須具體。常見的使用情境為「這裡有兩個人，其中一個……，剩下的一個……」，這邊的「剩下的一個」就是 the other。

---

① **I have two sons. One lives in Akita, and the other lives in Tokyo.**

譯 我有兩個兒子，一個住在秋田，另一個住在東京。

　　其他還有像是「這裡有四個人，其中三個……，最後一個……」，這邊的「剩下的一個」也可使用 the other。以下為 the other 的總示意圖。

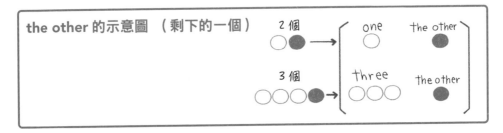

the other 的示意圖 （剩下的一個）

the others 是「剩下的全部」

　　the others 因為有加 the，所指的對象必須具體；但同時，由於 others 為複數，所以用來指「剩下的全部」。例如「四位成員裡，有兩人贊同，剩下的人通通反對」，這邊的「剩下的人通通」就是 the others。

> **❷ Two of the family members agreed, but the others disagreed.**
>
> 譯 四位家族成員裡，有兩人贊成，剩下的人通通反對。

　　以下為 the others 的總示意圖。

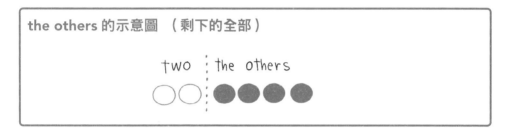

接著來看 others。others 經常用在某個句型。

Some..., and others....「有人（物）這樣……，也有人（物）這樣……」

　　others 常常用在 Some... , and others...「有人（物）這樣……，也有人（物）這樣……」這個句型。因為沒有加 the，所以無指定對象，常用在「在眾多人裡，有些人……，也有一些人……」的句型中，這邊的「也有一些人」就是 others。

> **❸ Some like coffee, and others like tea.**
>
> 譯 有些人喜歡咖啡，也有一些人喜歡紅茶。

　　扣除喜歡咖啡的那些人，其他人也可能喜歡紅茶，或者喜歡綠茶，情況有很多種。這種**無法在複數裡指出明確對象**的情形，就要使用 others。

以下用示意圖說明 Some…, and others…. 「有人（物）這樣……，也有人（物）這樣……」句型。

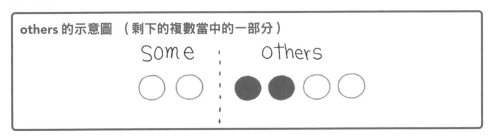

接著進入 another 的用法。

another 是「剩下的複數當中的一個」

another 是由 an + other 所構成，和 the other 的差別在於：是否用 an + other 表示無指定對象，或是用 the + other 表示指定對象。舉例來說，當你去店裡挑選領帶，想表達「我不喜歡這條領帶，能給我看另一條嗎？」時，這邊的「另一條」就是 another。

❹ **I don't like this tie.**
Could you show me another?

譯 我不喜歡這條領帶，能給我看另一條嗎？

another 指「剩下的複數當中的一個」，以下為示意圖。

如果只剩下一個，就能指出具體對象，所以用 the other。而剩下的複數當中的其中一個無指定對象，所以用 another。我們繼續看 another 的其他用法。

A is one thing, and B is another.＝「A和B是兩回事」

　　描述許多東西裡的「A 是一回事，B 是一回事」時，B 會用 another 來表示。因為是剩下的複數當中的其中一個，沒有特別指哪一個，所以使用 another。例如「知道是一回事，教人是一回事」這一句，因為「教人」是剩下的複數當中的其中一個，所以使用 another。

❺ **To know is one thing, and to teach is another.**

(譯) 知道是一回事，教人是一回事。

 another

 to know to teach to …… to ……

　　以下為你整理 the other、the others、others 及 another 的差異。

> **the other 和 another 總整理**
> ● **the other** ⇒ 剩下的一個
> ● **the others** ⇒ 剩下的全部
> ● **others** ⇒ 剩下的複數當中的一部分
> 　Some... , others...「有人（物）這樣……，也有人（物）這樣……」
> ● **another** ＝ an ＋ other ⇒ 剩下的複數當中的其中一個
> 　A is one thing, and B is another. ＝「A 和 B 是兩回事」

知識補給站 α

another 的後面也能接複數名詞？

　　由於 another 是 an ＋ other，another thing 即「另一件事」，後面通常會接單數名詞，不過也有例外，請看下方例句：

I need another five minutes.

(譯) 我還需要再五分鐘。

　　在這個句子裡，another 後面的 five minutes 被視為一個單位，所以可以這樣用。

Part 4 代名詞

Part4 代名詞總整理

Lesson17 人稱代名詞與格

人稱代名詞的格	主格	所有格	受格	所有格代名詞
第一人稱	I	my	me	mine
	we	our	us	ours
第二人稱	you	your	you	yours
第三人稱	he	his	him	his
	she	her	her	hers
	it	its	it	
	they	their	them	theirs

Lesson18 反身代名詞

- 他動詞的受詞就是主詞時（Please seat yourself. 等）
- 用來強調名詞、代名詞時（I went to Sapporo myself. 等）
- help oneself to ～　　　　「別客氣，自己拿～」
- make oneself understood 「使人理解我說的話」
- make oneself heard　　　 「使人聽見我說話」

Lesson19 如何區分 one、it、that

- one：與前面出現過的名詞為相同種類
  - ⇔ it：就是前面出現過的名詞本物
- 不可數名詞用 it
  - ⇔可數名詞用 one（因為 one 是「一個」）
- it 的前後無法加修飾語
  - ⇔ that（those）後面可加修飾語

Lesson20 表示兩個、三個以上的代名詞

兩個	三個以上
both「雙方」	all「全部」
either「兩個都」	any「任一」
neither「兩個都不	none「全都不」

Lesson21 需要注意的代名詞

● A of ～的「A」可放入代名詞
   ⇒ each of（○）、every of（✕）/ most of（○）、almost of（✕）
● A of ～的「～」若是可數名詞要用複數（some of the lecturers 等），或者
   使用對象具體的名詞（加上 the、對象明確的代名詞、使用所有格標示名
   詞）。

Lesson22 the other 和 another

● the other　　⇒　剩下的一個
● the others　　⇒　剩下的全部
● others　　　　⇒　剩下的複數當中的一部分
   Some... , others... .「有人（物）這樣……，也有人（物）這樣……」
● another ＝ an ＋ other ⇒　剩下的複數當中的其中一個
   A is one thing, and B is another. ＝「A 和 B 是兩回事」

COLUMN

26

英文文法專欄④

解開「現在式的第三人稱單數動詞要加s」之謎！

　　我在 p.56 介紹過「現在式的第三人稱單數動詞要加 s」的規則，當主詞為第三人稱單數，且時態為現在時，動詞要加 s（es）。這是國中英語課遇到的第一個重要文法。

> 例 **My brother works in Tokyo.**
>
> 譯 我的哥哥在東京工作。

　　同樣地，想必有許多人好奇這條規則是怎麼來的吧？這跟古時候的英文有關，很久以前，英語的主詞——第一人稱（I）、第二人稱（you）、第三人稱（he 等）、第一人稱複數（we），上述所有人稱的動詞語尾都不一樣，詳細請看下列表格：

不同時代的主詞與動詞型態

主詞	14世紀	16世紀	現代
I	singe	sing	sing
you	singest	singest	sing
he	singeth	**sings**	**sings**

　　以動詞 sing（唱歌）為例，如同表格所示，在 14 世紀時，主詞是 I 要用 singe，you 要用 singest，he 要用 singeth，每個動詞都會配合主詞做語尾變化。

　　來到 16 世紀時，I 用 sing，you 用 singest，he 則演變為現代版的 sings。這便是現代版的「第三人稱單數動詞要加 s」的起源。

到了現代，16 世紀時 you 用的 singest 變成了 sing，只有第三人稱單數的 he 還是保留了 sings。

簡單來說，「第三人稱單數動詞要加 s」源自於動詞必須配合主詞做語尾變化的規則，但只有第三人稱單數的部分保留了變化，這便是這條文法的來龍去脈。

解開謎團後，以後當你看到這條規則，應該就不再覺得那麼死板了。

I sing
He sings

第三人稱單數的動詞
為什麼
要加 S ……?

Part 5　形容詞、副詞

Lesson 23　有使用限制的形容詞

27

本課 POINT！

留意不能放在名詞前面的形容詞、不能使用人當主詞的形容詞！

形容詞有許多功能，既可當作句型 2（ＳＶＣ）和句型 5（ＳＶＯＣ）的補語，也能用來修飾名詞。這邊介紹的是修飾名詞的用法。

部分 a 開頭的形容詞，不能放在名詞前面。

例如 asleep「睡著的」這類形容詞就不能放在名詞前。英語不說 an asleep son（正睡著的兒子），而會說 My son is asleep.（我的兒子正在睡覺），asleep 必須放在名詞的後面做補充說明。**如果想在名詞前面使用形容詞說明「正在睡覺」，要用的不是 asleep，而是 sleeping**。

---

① I tried not to wake up my sleeping son.

譯 我試著不吵醒正在睡覺的兒子。

以下為你整理**不能放在名詞前面的形容詞**。

不能放在名詞前面的形容詞

alive「活著的」／ asleep「睡著的」／ awake「醒著的」／
aware「 察覺的」／ alike「相似的」

如上所示，部分 a 開頭的形容詞不能放在名詞前面，要從後面進行補充說明。因為，這些形容詞其實是由 on ＋ 名詞 與介系詞子句演變而來，所以受到規則制約。了解原因之後，就能明白 an asleep son 到底怪在哪裡，**並能接納 an on sleep son 與介系詞子句必須從後面補充說明名詞的現象**。另外，如同 The man is on duty.「此人正在值勤」或 a man on duty「值勤中的人」兩種說法，**無論是在 be 動詞後面使用介系詞子句進行說明，或是在名詞後面使用介系詞子句進行說明，文法上都是沒問題的**。我們接著來看**不能使用人當主詞的形容詞**。

possible / convenient / necessary 不能使用人當主詞

　　使用 possible 表達「他可以～」時，我們很容易不小心寫成 He is possible，但這是錯誤的文法。possible 這類形容詞要用形式主詞 it，寫成 It is possible for him to do ～ . 這樣的句型才行。

❷ It is possible for him to realize his dream.

譯 他可以實現自己的夢想。

　　「可以～」也能寫成「人 be able to do ～ .」或「人 be capable of doing ～ .」。以下為你整理**不能使用人當主詞的形容詞**。

> **不能使用人當主詞的形容詞**
> **possible**「可以的」／ **convenient**「方便的」／ **necessary**「必要的」

　　使用 convenient 表達「他方便……」時，我們也很容易不小心寫成 He is convenient，但這也是錯誤的文法。**convenient 不能使用人當主詞**，所以這時候要寫成 He is available。**necessary**「必要的」也是。使用這兩個字時，記得搬出形式主詞 it。

❸ It is convenient to take a rest now.

譯 現在方便休息一下。

❹ It is necessary for you to prepare for the test.

譯 你必須準備這場考試。

> **有使用限制的形容詞總整理**
> ● 部分 a 開頭的形容詞，不能放在名詞前面（alive、asleep、awake等）
> ● 留意不能使用人當主詞的形容詞（possible、convenient、necessary等）

28

Lesson 24 容易混淆的形容詞

> **本課 POINT！**
> 掌握從 imagine、sense、respect 衍生出來的形容詞！

　　從 imagine、sense、respect 衍生出來的形容詞每個都長得很像，造成區分不易，讓我們來一個個攻克它們吧。

如何區分 imaginary、imaginable、imaginative？

　　我們先來區分從 imagine（想像）衍生出來的 imaginary、imaginable、imaginative 吧。首先，**imaginary** 是直接從 imagine 衍生出來的形容詞，意思為「**幻想中的**」。舉例來說，「幻想（想像中的）朋友」就會寫成 imaginary friends。

---

❶ Young children tend to have imaginary friends.

（譯）幼童常常有幻想中的朋友。

　　除此之外，imagine 也能加上 able（能夠），變成 imaginable，意思為「能夠想像」。

---

❷ I tried every imaginable method.

（譯）我已經試過所有我能想到的方法。

　　接著，把 imagine 加上 ive（豐富的），就會變成 imaginative，意思為「想像力豐富的」。

---

❸ He has great imaginative powers.

（譯）他擁有非常豐富的想像力。

以下是從 imagine 衍生出來的形容詞。

> 從 imagine 衍生出來的形容詞
> imaginary「幻想中的」／ imaginable「能夠想像」
> imaginative「想像力豐富的」

接下來看從 sense 衍生出來的形容詞。

如何區分 sensible「明智的」和 sensitive「敏感的」？

　　為你介紹從 sense（感覺、感受）衍生出來的形容詞。如同 imaginable 的 able 表示「能夠」，sense 也能加上 ible 表示「能夠」，sensible 即「能夠明辨是非」＝「明智的」。

❹ My brother is a sensible man.

🈩 我的哥哥是一個明智的人。

　　此外，如同 imaginative 是「想像力豐富的」，sense「感受」＋ ive「豐富的」＝ sensitive「敏感的」，可以用來表示一個人的個性「神經質」。

❺ Don't be so sensitive.

🈩 不用那麼神經質。

以下是從 sense 衍生出來的形容詞。

> 從 sense 衍生出來的形容詞
> sensible「明智的」／ sensitive「敏感的」

Part 5 形容詞、副詞

最後來看從 respect 衍生出來的形容詞。

respectful 為主動 ⇔ respectable 為被動

接著是從 respect（尊敬）衍生出來的形容詞，分別是 respectful「尊敬的」及 respectable「值得尊敬的」。光看字面上的意思很容易混淆，但只要記住，語尾加 ful 的表主動，語尾加 able（值得）的表被動，就能正確區分意思。例如「尊敬老年人」從文脈上來看是一個主動句，所以要用 respectful。

6 I am **respectful** toward the elderly.

譯 我對老年人表示尊敬。

相對地，如果是「他是**值得尊敬**的人」、「他是**被尊敬**的人」等**被動文脈**，就要加上表示被動的 able，即 respectable。

7 He is a respectable man.

譯 他是值得尊敬的人。

以下是從 respect 衍生出來的形容詞。

> **從 respect 衍生出來的形容詞**
> respectful「尊敬的」（主動）/ respectable「值得尊敬的」（被動）
> respective「各自的」

從 respect 衍生出來的形容詞有三個要記，分別是：respectful、respectable、respective，裡面只有 respective 跟別人不一樣。respectful 和 respectable 都是從「尊敬」的意思演變而來；respective 則是從 respect 的另外一個意思「特點」演變而來，因此是「各自的」。

❽ I sent these boys to their respective homes.

🈯 我送這些男孩回到他們各自的家。

Part 5
形容詞、副詞

容易混淆的形容詞總整理

● imaginary「幻想中的」
　imaginable「能夠想像」　　　= imagine + able「能夠」
　imaginative「想像力豐富的」　= imagine + ive「豐富的」
● sensible「明智的」　　　　　= sense「感覺」+ ible「能夠」
　sensitive「敏感的」　　　　　= sense「感受」+ ive「豐富的」
● respectful（主動）=「尊敬」　respectable（被動）=「值得尊敬的」
　respective「各自的」（衍生自 respect 的另一個意思「特點」）

Lesson **25** # 表示數量的形容詞

29

> **本課 POINT！**
>
> few 和 little 單獨使用會變成否定語！

　　我在 p.38 介紹過，英文會用 many 和 few 表示數量上的「多」和「少」。但若是分量上的「多」和「少」，則要用 much 和 little 來表示。

few 單獨使用，意思為「幾乎沒有」。

　　few 單獨使用即為否定語，意思為「幾乎沒有」。因此，very few 是強調否定的表現，意思為「寥寥無幾」。

❶ There are very few visitors.

(譯) 這裡的訪客寥寥無幾。

　　接著看 few 藉由加上 a 變成肯定語意的用法，a few 的意思為「有一些」。

❷ There are a few apples in my home.

(譯) 我家有一些蘋果。

　　如果想要進一步強調肯定語意的 a few「有一些」，可以用 quite a few「有很多」。

❸ There are quite a few toys in his room.

(譯) 他的房間裡有很多玩具。

最後來看，將**屬於肯定語意的 a few 加上否定語 only（只有）組成的 only a few「只有一點點」**。

❹ There were only a few people in that park.

🔤 這座公園裡只有寥寥數人。

以下為你整理跟 few 有關的數量用法。

> **跟 few「幾乎沒有」有關的數量用法**
> **very few「寥寥無幾」／ a few「有一些」**
> **quite a few「有很多」／ only a few「只有一點點」**

另外，同屬否定語意的 little 也可加上 very 作強調，變成 **very little**，意思為「**寥寥無幾**」；加上 a 會變成肯定語意 a little「**有一些**」；再加上 quite 作強調則會變成 quite a little「**有很多**」；使用否定語 only 修飾 a little 會變成 only a little「**只有一點點**」。以下為你整理跟 little 有關的數量用法。

> **跟 little「幾乎沒有」有關的數量用法（不可數名詞）**
> **very little「寥寥無幾」／ a little「有一些」**
> **quite a little「有很多」／ only a little「只有一點點」**

表示數量的形容詞總整理

	few「幾乎沒有」	little「幾乎沒有」
寥寥無幾	**very few**	**very little**
有一些	**a few**	**a little**
有很多	**quite a few**	**quite a little**
只有一點點	**only a few**	**only a little**

Part
5

形容詞、副詞

Lesson 26 副詞的基本用法

30

> **本課 POINT！**
> 副詞用來修飾名詞以外的！

「副詞的作用是什麼呢？」這個問題意外地有許多人回答不出來。答案是：**用來修飾名詞以外的**。

副詞修飾動詞、形容詞、副詞和句子。

具體來說，副詞用來**修飾動詞、形容詞、副詞和句子**。舉例來說，我們可以**用副詞 clearly「清楚地」來修飾動詞**，表達「**清楚地說英語**」，並寫成 speak English clearly。

---

❶ **You should speak English clearly.**

譯 你必須清楚地說出英語。

如果想用 clearly 來**修飾形容詞**，表達「**清楚看見**」，寫成 clearly visible。

❷ **The sky is clearly visible today.**

譯 今天可以清楚看見天空。

接著，如果想用副詞 very 來**修飾副詞**，表達「**非常努力**」，寫成 very hard。

❸ **I work very hard.**

譯 我非常努力工作。

最後回到 clearly，我們一樣可以用它來**修飾句子**，表達「**很明顯地，他在說謊**」，寫成 Clearly, he is telling a lie.。

❹ Clearly, he is telling a lie.

譯 很明顯地，他在說謊。

接下來，我們來看副詞擺放的位置。

頻率副詞擺在 not 的位置

如同例句❶～❹所示，副詞可以擺在句尾、句首，或是副詞和動詞的前面。問題來了，如果想說「習慣吃完早餐後散個步」，請問副詞 always 究竟該擺在 take 的前面、後面，還是句尾呢？答案是「take 的前面」。

❺ I always take a walk after breakfast.

譯 我總是習慣吃完早餐後散個步。

always 的位置在這裡

I always take a walk

always 是**頻率副詞，放在一般動詞的前面及助動詞的後面**。不過，我們可以想得更簡單：頻率副詞包括了 often（經常）、usually（通常），以及 **not（不）**。因此，**只要放在 not 的位置就行了**！例句❺的否定句為 I do **not** take a walk after breakfast.，由此可知，always 要放在 take 的前面。以下為你整理常用的頻率副詞。

> **頻率副詞（從頻率0到100%）**
> **not**／**never**「不」⇒ **rarely**（**seldom**）「極少」⇒
> ⇒ **sometimes**「有時」⇒ **often**「經常」⇒ **frequently**「頻繁」⇒
> ⇒ **usually**「通常」⇒ **always**「總是」

Lesson 27 需要注意的副詞①

> **本課 POINT！**
>
> 「回家」是 go home，不是 go to home。

「回家」是 go to home 還是 go home 呢？有時我們難免分不清楚。

「回家」是 go home

home 本指名詞的「家」，但也會依據**「回家」**、**「在家」**等文脈當作副詞來用，如 come home、go home、be home，這些 home 的用法都不是名詞，而是副詞，所以若是加了介系詞，會變成錯誤文法。

❶ I have to go home now.

譯 我必須回家了。

如上所示，**乍看像名詞，其實是副詞的單字，通常不會放在介系詞後面，需特別留意**。以下為你整理容易和名詞搞混的副詞。

> **容易和名詞搞混的副詞**
> ● home「在家」／ upstairs「在樓上」／ downstairs「在樓下」
> ● abroad ／ overseas「在國外」
> ● downtown「在鬧區」

舉例來說，「去國外旅行」這一句**不能寫成 travel to abroad**。因為 abroad 是副詞，前面不需要加介系詞，所以必須寫成 travel to abroad。我們繼續看**加上 ly 意思會不同的副詞**。

hardly 是否定語，意思為「幾乎沒有」

　　由於 hard 這個字多半給人「努力」的印象，hardly 的意思也變得不好記憶。但是，hardly 是非常重要的單字，不把它弄清楚，甚至會弄反整句話的意思。請記得，**hardly 是否定語，意思為「幾乎沒有」**。例如「我昨天幾乎沒念書」就可以寫成 I could hardly study yesterday.。

❷ I could hardly study yesterday.

譯 我昨天幾乎沒念書。

Part 5　形容詞、副詞

　　hard 雖然表示「努力」，不過變成 hardly 之後，意思是否定的「幾乎沒有」，兩者乍看似乎無法聯想，但其實 hardly 衍生自 hard 的「困難」語意，**「困難」⇒「做事困難」⇒「幾乎無法完成」⇒「幾乎沒有」**，就是這樣來的。以下為你整理**加了 ly 意思會變的副詞**。

加了 ly 意思會變的副詞	
hard「努力」	**hardly**「幾乎沒有」
late「遲的」	**lately**「最近」
near「靠近」	**nearly**「幾乎」

需要注意的副詞①總整理
● 容易和名詞搞混的副詞（**home**、**abroad**、**downtown** 等）
● 加了 ly 意思會變的副詞（**hardly**、**lately**、**nearly** 等）

32

Lesson 28　需要注意的副詞②

本課 POINT！

需要注意語順和擺放位置的副詞。

有些副詞要特別注意「副詞後面的語順」及「擺放的位置」。

留意 so、as、too 的語順

so、as、too 是副詞，不能直接拿來修飾名詞。舉例來說，使用 so 表達 a kind person（親切的人）時，不能寫成 so a kind person。**kind 是形容詞，要用副詞來修飾，因此整句寫成 so kind a person 才是正確版本。**

---

❶ She is so kind a person.

譯 她是很親切的人。

此外，原級比較的 as ～ as（一樣）也套用同樣的規則，由於第一個 as 是副詞，所以後面的～不能放名詞，整個句子要依照 副詞、形容詞、冠詞、名詞 的順序來擺放。例如「我沒有他那麼擅長寫作」這一句，就要寫成 I am not as good a writer as he is.。

---

❷ I am not as good a writer as he is.

譯 我沒有他那麼擅長寫作

最後的 too 也套用相同規則。**想用 too 修飾 a hot day 時，要把形容詞 hot 往前移，變成 too hot a day。**

---

❸ It's too hot a day to do anything.

譯 今天太熱了，什麼也不能做。

接著來看閱讀測驗裡用來作為文章轉折的**連接副詞**。

連接副詞可以放在句首、句中及句尾。

- -

　　連接副詞可以放在一個句子的開頭、中間，以及結尾。它和連接詞不同的地方在於**可以放在句子中間**。例如「不過，最重要的是不能說謊」這一句，我們可在句子中間使用逗號，寫成 What is important, **however**, is not to tell a lie.。

❹ **What is important, however, is not to tell a lie.**

（譯） 不過，最重要的是不能說謊。

　　其他連接副詞還有 though，可用在句中及句尾。例如「我不清楚。但是，我的朋友也許知道」這一句就能寫成 I am not sure. My friend might know, though.。

❺ **I am not sure. My friend might know, though.**

（譯） 我不清楚。但是，我的朋友也許知道。

　　以下介紹具有代表性的**連接副詞**：

> 連接副詞的代表例子
>
> **however**「不過、但是」／ **though**「不過、但是」（放句尾）
> **nevertheless**「不過、然而、儘管如此」／ **therefore**「因此、所以」

> 需要注意的副詞②
>
> ● so、原級比較的 as 〜 as 和 too，要依照 副詞 、 形容詞 、 冠詞 、 名詞 的順序來擺放。
> ● 連接副詞（however、though、therefore 等）可以放在句首、句中及句尾。

Part5 形容詞、副詞總整理

Lesson23 有使用限制的形容詞

● 部分 a 開頭的形容詞，不能放在名詞前面（alive、asleep、awake 等）
● 留意不能使用人當主詞的形容詞（possible、convenient、necessary 等）

Lesson24 容易混淆的形容詞

● imaginary「幻想中的」、imaginable「能夠想像」、imaginative「想像力豐富的」
● sensible「明智的」、sensitive「敏感的」
● respectful「尊敬」、respectable「值得尊敬的」、respective「各自的」

Lesson25 表示數量的形容詞

	few「幾乎沒有」	little「幾乎沒有」
寥寥無幾	very few	very little
有一些	a few	a little
有很多	quite a few	quite a little
只有一點點	only a few	only a little

Lesson26 副詞的基本用法

● 副詞用來修飾名詞以外的（動詞、形容詞、副詞和句子）
● 頻率副詞擺在 not 的位置

Lesson27、28 需要注意的副詞①、②

● 容易和名詞搞混的副詞（home、abroad、downtown 等）
● 加了 ly 意思會變的副詞（hardly、lately、nearly 等）
● so、原級比較的 as ～ as 和 too，要依照 副詞、形容詞、冠詞、名詞 的順序來擺放。
● 連接副詞（however、though、therefore 等）可以放在句首、句中及句尾

COLUMN

英文文法專欄⑤

要當心 almost 的陷阱!?

請注意，p.66～67 登場過的 almost 是副詞，所以 almost of ～也是錯誤文法。除此之外，almost 這個字還有不少地方容易搞錯，讓我們來一個個釐清吧。首先，如果你光是死背 almost ＝「幾乎」，卻沒有記住它是什麼詞，當你想要表達「幾乎所有人」時，很容易會不小心寫成 almost people，這也是錯誤文法。不要忘了，almost 是副詞，副詞不能用來修飾名詞 people，因此，「幾乎所有人」的英文是 most people。

> 「幾乎所有人」
> ✕ almost people ⇒ ◯ most people

那麼，如果想用 almost 表達「幾乎所有人」該怎麼辦呢？找個適合的形容詞就行了！像是寫成 almost all the people 等，由於副詞 almost 是在修飾形容詞 all，所以文法上是成立的。

> 例 **Almost all the children here speak two languages.**
>
> 譯 這裡的孩子幾乎都會說兩種語言。

不過也有例外，像 almost everybody「幾乎所有人」就是可以的。

> 例 **Almost everybody living here uses cars for transportation.**
>
> 譯 住這裡的人幾乎都使用車子作為交通工具。

總的來說，由於 almost 是副詞，所以**原則上不能寫成 almost of ～或直接加名詞**。想用 almost 表達「幾乎所有人」，請寫成 almost all the people。裡面只有 almost everybody 是例外，這個用法被視為是「副詞 almost 修飾了形容詞 every」，所以成立。

91

34

Lesson 29　at

> 本課 POINT !
> at 的「核心」是「點」。

前置介系詞基本上有 9 種，分別是 at、on、in、from、to、for、by、of 和 with，本章將依序說明，並在頁首列出該介系詞的「核心」，以此向外延伸出更細的用法。

at的「核心」是「點」

at 最重要的「核心」是「點」。例如**「標示時間的 at」**，是因為傳統**時鐘是用指針的尖端「點出」時間**，所以用 at。

---

❶ The shops close at six.

譯 這間店 6 點關門。

接著是**「標示地點的 at」**，也是因為攤開地圖、用手「點出」目的地的關係，一樣是從「點」來發想。

---

❷ The bus stops at your hotel.

譯 這輛公車停在你的飯店前。

此外還有**「標示程度的 at」**，用來顯示**溫度或是速度等**。這也是因為**溫度計和測速計是用刻度上的「點」來測量**的關係。

❸ The temperature stands at 25℃ .

譯 氣溫為攝氏 25 度。

接著來看「標示對象的 at」，聯想自「瞄準」，請想像準星的「點」對準目標。look at（看）是盯著視線前方的「點」；aim at（瞄準）也是盯著準星前方的「點」。而 laugh at 本身具有「嘲笑」的語感，也是向著某個目標。

❹ Everyone in the class laughed at him.

譯 全班的人都在嘲笑他。

若是在例句❹「標示對象的 at」加上情緒，就會變成例句❺「標示情緒對象的 at」，如 be surprised at「對～驚訝」、be disappointed at「對～失望」、be shocked at「對～受到打擊」等。**強烈的情緒表現，常用到 at 標示對象。**

❺ I was surprised at his success.

譯 我對他的成功感到驚訝。

以下為你整理跟「點」有關的 at。

> **at 總整理**
> ● at 的「核心」是「點」
> ⇒ **時間的 at**（時針指的一點）
>   **地點的 at**（地圖上的一點）
>   **程度的 at**（刻度上的一點）
>   **對象的 at**（準星的一點）
>   **情緒對象的 at**（對象的一點）

35

Lesson 30 on

> **本課 POINT！**
> on 的「核心」是「接觸」。

　　on 的翻譯是「在～上面」，由此可以得到許多聯想，但我認為不該使用翻譯來理解介系詞的本質。介系詞最重要的是「核心」，要先搞懂核心才能融會貫通。on 的「核心」是「**接觸**」。但從例句 There are many books on the desk.（桌上有許多書）來看，on 的確跟「在～上面」是通用的。

---

❶ There are many books on the desk.

譯 桌上有許多書。

　　然而，換作 There is a beautiful picture on the wall.（牆壁上掛著一幅美麗的畫），從英文的角度來看，on 並不是「在～上面」，而是牆壁與畫「**接觸**」。

---

❷ There is a beautiful picture on the wall.

譯 牆壁上掛著一幅美麗的畫。

　　接著看 There is a spider on the ceiling.（天花板上有蜘蛛），從英文的角度來看，這邊的 on 也是「接觸」，指蜘蛛與天花板「**接觸**」。

---

❸ There is a spider on the ceiling.

譯 天花板上有蜘蛛。

　　接著來看「信賴的 on」。

「信賴的on」來自人與人的接觸

此處從純粹的「接觸」延伸為「人與人的接觸」，於是有了「信賴的 on」。depend on、count on、rely on、fall back on……全是「信賴」的意思。

> **❹ I am depending on you.**
>
> 譯 我很信賴你。

接著來看「根據的 on」。

「根據的 on」是接觸地基而立

「接觸地基而立」即有憑有據，因此，on 也指根據，常見片語有 be based on（根據）、on purpose（故意）等。on purpose 是「根據的 on」加上 purpose（意圖）組成的，「根據意圖」＝「故意」。

> **❺ I didn't break the dish on purpose.**
>
> 譯 我不是故意打破盤子的。

接著來看「表示星期、日期的 on」。

「表示星期、日期的 on」是根據星期和日期來行動

這是從「根據的 on」衍生出來的用法，意指「根據星期和日期來行動」。例如星期日固定放假、生日和結婚紀念日要慶祝等，這些都是跟日期息息相關的活動。

> **❻ His birthday party was held on January 21.**
>
> 譯 他的生日派對辦在 1 月 21 日。

on 總整理
● on 的「核心」是「接觸」⇒ 信賴的 on ／根據的 on ／星期、日期的 on

Part
6
介系詞

36

Lesson 31　in

本課 POINT！

in 的「核心」是「包圍」。

---

　　in 的常見**翻譯**是「在～裡面」，本課我們一樣從核心來探討。in 的核心是「**包圍**」，從包覆在某個空間的意象延伸出各種用法。

英語圈人士眼中的方位是「空間」

　　在此舉個最具代表的例子，即「**標示方位的 in**」，這也能從「**包圍**」來做說明。請想像一個**被四方體包圍的空間**，對日本人來說，提到西方時會用手指，所以比較像是一個「點」；但在英語圈人士的感覺裡，**西方角落是一塊巨大的空間**。

---

❶ **The sun sets in the west.**

譯　太陽從西方落下。

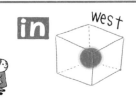

　　接著來看「**表示狀態的 in**」。

「表示狀態的 in」是被看不見的氣場包圍

　　舉例來說，I am in good health.（我很健康）就是一種**人被元氣十足的氣場包圍的狀態**。其他還有 fall in love with「與～墜入愛河」，可以想像主詞和受詞的兩人被大量愛心包圍。此外還有 get in touch with「與～聯絡」，可以想像主詞與受詞被圍在同一個空間。

---

❷ **I'm in good health.**

譯　我很健康。

　　接著來看「**穿戴的 in**」。

「穿戴的in」是人被衣服包圍

　　請想像**人被衣服包圍的畫面**。舉例來說，You look nice in red. 的意思為「你被紅衣服包圍，看起來很漂亮」＝「你很適合穿紅衣服」。

❸ You look nice in red.

譯　你很適合穿紅衣服。

　　最後來看，「表示時間經過的 in」。

「表示時間經過的 in」是指某個動作被時間包圍

　　最後介紹「表示時間經過的 in」，請想像某個動作被時間包圍。例如，表達「晚餐十分鐘後做好」時，英語會說 Dinner will be ready in ten minutes.，畫面上是「煮飯的母親被十分鐘包圍」。

❹ Dinner will be ready in ten minutes.

譯　晚餐十分鐘後做好。

in 總整理

● in 的「核心」是「包圍」
　⇒ 方位的 in / 狀態的 in / 穿戴的 in / 時間經過的 in

37

Lesson 32 from

> **本課 POINT！**
>
> from 的「核心」是「起點」。

from 的常見翻譯為「來自」，而這個字的「核心」也是「起點」。

「起點」＝「出發點的 from」

第一個用法是相當接近「起點」的「出發點」。例如「從我家走到公司」，家即「出發點」，所以要用 from 來表示，寫成 from my house to my office。

---

1 I walk from my house to my office.

譯 我都從我家走路去公司上班。

接著來看「原料的 from」。

從事物的起點延伸出「原料的 from」

from 的「核心」為「起點、出發點」，「原料的 from」便是從事物被製造出來的「出發點」延伸出來的用法。例如「奶油是牛奶做成的」，便可使用 from 來表示，寫成 Butter is made from milk.。

---

2 Butter is made from milk.

譯 奶油是牛奶做成的。

我們繼續看「原因的 form」。

從事情的起點延伸出「原因的 from」

「原因的 from」與事情發生的「起點」有關。例如「許多人為飢餓所苦」能寫成 Many people are suffering from hunger.。

❸ Many people are suffering from hunger.

🈟 許多人為飢餓所苦。

接著來看乍看意思落差較大的「分離的 from」。

「分離的from」是從起點出發並且遠離

「分離」指的是從起點出發並慢慢拉開距離。如果在「我」與「外出」之間加上 from，即表示兩者被分離，英文是 prevent me from going out。記住以下句型：prevent（stop、keep）O from doing「阻礙 O 做～」。

❹ The heavy rain prevented me from going out.

🈟 下大雨使我無法外出。

最後來看「區分的 from」。

「區分的from」是分離兩個相似的事物

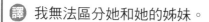

請想像把眼前兩個相似的事物分開、做出區別，「區分的 from」便是由此衍伸出來的用法，例如以下句型：tell（know、distinguish）A from B「區分 A 和 B」。

❺ I can't tell her from her sister.

🈟 我無法區分她和她的姊妹。

誰是誰？

---

from 總整理

● from 的「核心」是「起點」（出發點的 from／原料、原因的 from／分離的 from／區分的 from）

38

Lesson 33 to

> **本課 POINT !**
>
> to 的「核心」是「箭頭」。

　　to 的「核心」是標示流向的「箭頭」。英文會**使用不定詞「to V」表示對未來的計畫**，這也來自介系詞 to 本身的「箭頭」聯想。

從「箭頭」前端延伸出「終點的 to」

　　我在 p.98 介紹過使用 from 表示「出發點」的用法，to 即與之相反的「終點」。因此，我們可從「**出發點的** from」和「**終點的** to」得出 from A to B「從 A 到 B」這個句型。

> ❶ **She knows everybody from A to Z.**
>
> 譯 她對大家的事情都掌握得鉅細靡遺。

　　英文字母的第一個字是 A，最後一個字是 Z，慣用語 from A to Z（從頭到尾、全部）就是由此衍生而來。接著來看「**方向的 to**」。

「方向的 to」來自「箭頭」的聯想

　　「箭頭」會指著某個方向，「**方向**」的用法便是由此而來。以 Turn to the left. 來舉例，跟 p.96 介紹過的「方位的 in」相比，to 指的是**距離更近的方向**。例如「他指著我，要我發言」，就可以寫成 He pointed to me and told me to speak out.。請記住 point to 是「**指向～**」。

> ❷ **He pointed to me and told me to speak out.**
>
> 譯 他指向我，要我發言。

接著來看「對準」的用法。

「對準的 to」是「朝向那裡」

to 的核心是「箭頭」,「箭頭」會標示方向,而面對方向就是「對準」。「對準的 to」可表達「我們配合音樂來跳舞」,寫成 We danced to the music.。

3 **We danced to the music.**

(譯) 我們配合音樂來跳舞。

最後介紹 to one's 情緒名詞 ,用來**表達心情**。

to one's 情緒名詞 ,因某個行為而產生某個情緒。

例如「令人訝異的是,這支隊伍輸了」這樣的句子,英文即可善用 to,寫成 The team lost the game **to** my surprise.,箭頭示意為:「這支隊伍輸了」→「訝異」。但從英文的資訊結構來看(即重點擺在後面),若是這樣寫的話,本句的重點會變成 to my surprise。由於本句想傳達的主旨為「隊伍輸了」,所以要將句順顛倒,寫成 **To** my surprise, the team lost the game.。

4 **To my surprise, the team lost the game.**

(譯) 令人訝異的是,這支隊伍輸了。

除此之外,我們還能填入其他情緒名詞,如 disappointment、sorrow、regret、joy 等,意思依序為「**令人失望的**」、「**令人悲傷的**」、「**令人遺憾的**」、「**令人開心的**」。

---

to 總整理

● to 的「核心」是「箭頭」⇒ **終點的 to /方向的 to /對準的 to/**

to one's 情緒名詞

Lesson 34 for

39

> **本課 POINT！**
> for 的「核心」是「方向」。

　　for 的「核心」是**「方向」**，但 to 也有方向的用法，兩者差在：to 是加入方向的**「抵達」**，而 for 的「方向」仍位在出發點，語感當中並不包含抵達。

for是位在出發點，向著某個「方向」。

　　只要了解上述差異，就能明白**「從東京往大阪的方向出發」**這類並未指明目的地（沒說是在大阪下車）的句子，不能使用 to 來表達，而要使用 for 來說明前往的方向。

---

❶ The train left Tokyo for Osaka.

譯 這輛火車從東京往大阪的方向出發。

　　記住 leave A for B「從 A 向著 B 出發」這個句型就不會搞錯了。接著來看**「贊成的 for」**。

「贊成的for」是面對並贊成

　　因為是以積極的心情「面對」某樣東西，所以是**「贊成的 for」**。附帶一提，反對時要用**「反對的 against」**。

---

❷ Are you for or against the plan?

譯 你是贊成還是反對這項計畫呢？

　　接下來介紹，由**心之所向**延伸出的**「尋求的 for」**。

「尋求的 for」是心向著某樣東西

　　例如「尋求建議」就是「**心情向著建議**」，所以要用**尋求的** for，寫成 ask for some advice。

> ❸ **I always ask for my brother's advice.**
>
>
>
> (譯) 我總是向哥哥尋求建議。

　　接著看「原因的 for」，意思是「為了～」。

從「尋求的for」衍生出「原因的for」

　　「原因的 for」從「尋求的 for」衍生而來。例如「**為尋求自由而戰**」也能解釋為「**為自由而戰**」表示原因，英文寫成 fight for freedom。

> ❹ **There have been many people fighting for freedom.**
>
>
>
> (譯) 許多人曾為自由而戰。

　　最後來看「**交換的 for**」。

從雙向交易衍生出「交換的 for」

　　從單向進入雙向交易，便衍生出「交換的 for」。for nothing 是「與零交換」＝「免費交換」。take A for B 是「把 A 想成 B」，mistake A for B 是「把 A 搞錯成 B」，這些都是「交換的 for」。

> ❺ **I got a new bag for nothing.**
>
>
>
> 我免費獲得新的包包。

> **for 總整理**
>
> ● for 的「核心」是「方向」（贊成的 for ／尋求的 for ／原因的 for ／交換的 for

Part 6 介系詞

40

Lesson 35 by

本課 POINT！

by 的「核心」是「在附近」。

---

　　by 也是單從**翻譯**來記憶會混亂的介系詞，常見的翻譯有「被誰～」及「在旁邊」等，後者的意思比較貼近 by 的本質，簡單來說就是**「在附近」**，這才是 by 的核心。

「動作者的 by」來自人在附近

　　by 常常出現在**被動語態的句子裡**，**用來表示動作者**（做動作的人），翻譯為「被誰～」，但這個用法其實來自動作者**「在附近」**的聯想畫面。例如「我昨天被陌生人攻擊了」這一句，就會使用被動語態與「動作者的 by」，寫成 I was attacked by a stranger yesterday.。

---

❶ I was attacked by a stranger yesterday.

🗨 我昨天被陌生人攻擊了。

　　接著來看**「表示期限的 by」**。

「表示期限的 by」來自期限「迫近」

　　表示期限的 by 是「最晚只到～」，原因是期限**「就在附近」**。例如**「我最晚會在中午以前回來」**就會用 **by 來表示期限**，寫成 I will be back by around noon.，語感**接近**「我會在接近中午的時候回來」。

---

❷ I will be back by around noon.

🗨 我最晚會在中午以前回來。

　　接著來看**「經由的 by」**。

「經由的 by」是從「經過～附近」衍生出來的用法，常見例句有 by way of「經由～」。

❸ You should go to Nara by way of Kyoto.

（譯）你應該經由京都前往奈良。

最後介紹使用 by 的慣用語。

stand by 和 come by 也來自「人在附近」

stand by 是「支持」，意思接近「在附近」。常見例句有「我永遠都會站在你這邊（支持你）」，I will always stand by you.，很容易聯想「我和你站在一起」的畫面吧。stand by you「站在你這邊」＝「支持你」。

❹ I will always stand by you.

（譯）我永遠都會支持你。

另一個是 come by「入手」，這個 by 也是「在附近」的意思。come by「來到我身邊」＝「入手」。

❺ That car is difficult to come by.

（譯）這輛車很難入手。

> **by 總整理**
> ● by 的「核心」是「在附近」
> 動作者的 by ／期限的 by ／經由的 by ／使用 by 的慣用語（stand by、come by 等）

Part 6

介系詞

41

Lesson 36 of

[
本課 POINT！

of 的「核心」是「關聯」。
]

　　of 最重要的「核心」是「**關聯**」。由於這個字也給人「分離」和「掠奪」的印象，你也許會感到訝異，但我們從「**關聯**」的角度來看吧。

有「關聯」才能分離及掠奪

　　首先介紹「**分離的 of**」，比方說，be independent of「從～獨立」的 of 就是很好的例子。常見例句 You should be independent of your parents.（你應該要離巢獨立）就是把有「**關聯**」的 you 和 your parents 分開。

❶ **You should be independent of your parents.**

譯 你應該要離巢獨立。

分離

　　接著來看「**掠奪的 of**」。例如「他們搶了那個女人的錢包」，便可使用 rob A of B「**從 A 奪走 B**」句型，寫成 They robbed the woman of her wallet.，因為錢包本來由女人所持有，是「**有關聯**」的。其他還有 deprive A of B「**從 A 剝奪 B**」、cure A of B「**治好 A 身上的 B**」、clear A of B「**從 A 清除 B**」等，這些全是「**掠奪的 of**」。

❷ **They robbed the woman of her wallet.**

譯 他們搶了那個女人的錢包。

掠奪

　　接著來看「**材料的 of**」。

「材料的 of」用在肉眼可見「關聯」的事物上

「材料的 of」很容易從其核心「關聯」做聯想，但使用上有一些需要注意的地方，be made of 指「材料」，be made from 指「原料」，兩者的差異在於：**be made of 可直接從外觀看出主詞與受詞的關聯**。舉例來說，The ring is made of gold.（這只戒指是金做的）用了「材料的 of」，表示它是一只金戒指，一看就知道是用金做的。相對地，Wine is made from grapes.（紅酒是葡萄做的）則會使用「原料的 from」，因為酒是液體，葡萄是固體，**形體的變化使兩者在外觀上看不出關聯**，所以使用 from。其他還有 consist of、be composed of、be made up of，**這些全是指「用什麼東西做成的」，屬於「材料的 of」**。

❸ The ring is made of gold.

🈟 這只戒指是金做的。

最後來看**「關聯的 of」**＝把各種事物串在一起。

用「關聯的 of」串連各項資訊

例如 inform A of B「把 B 通知 A」，串連起 A、B 資訊。其他還有 remind A of B「使 A 想起 B」或 convince A of B「使 A 接受 B」等，這些都是在串連 A、B 資訊，使兩者之間**產生連結**。

❹ I informed her of my new address.

🈟 我通知她我的新地址。

> **of 總整理**
> ●of 的「核心」是「關聯」⇒分離的 of ／掠奪的 of ／材料的 of ／關聯的 of

42

Lesson 37) with

> **本課 POINT ！**
>
> with 的「核心」是「對立」。

　　with 最為人所知的語意就是「在一起」，但它最原始的意思是我在「核心」所寫的「**對立**」。

get angry with「對～生氣」即「對立的 with」

　　從 get angry with「對～生氣」即可看出 with 的核心「**對立**」。例如「我對他感到生氣」就可使用「**對立的 with**」，寫成 I got angry with him.。

---

① I got angry with him.

譯 我對他感到生氣。

　　接著來看「**同伴的 with**」＝「和～在一起」。

從「對立的 with」延伸出「同伴的 with」

　　fight with「並肩作戰」便是從「對立的 with」延伸出來的用法。從文脈來看，語意亦延伸為「**一起作戰**」，with 表示「**同伴**」。例如「英國與法國在第二次世界大戰時並肩作戰」就能寫成 Britain fought with France in World War II.。

---

② Britain fought with France in World War Ⅱ.

譯 英國與法國在第二次世界大戰時並肩作戰。

　　接著來看「**擁有的 with**」，意思為「持有～」。

從「同伴的with」延伸出「擁有的with」

　　介紹到這裡，你應該能大致掌握 with 的脈落了。例如 a house with a

garden，意即「與院子為一組的屋子」＝「**擁有院子的屋子**」，「**擁有的 with**」便是由此演變而來。

---

③ I live in a house with a garden.

譯 我住在有院子的屋子。

接著來看「**器具的 with**」，意思為「使用～」。

從「**擁有的 with**」延伸出「**器具的with**」與「**關聯的 with**」

「擁有的 with」拓展出「**器具的 with**」，意思為「**使用**」。例如 cut the meat with a knife，本來的意思是「擁有刀子切肉」，衍生的意思為「**使用**刀子切肉」。

---

④ I cut the meat with a knife.

譯 我使用刀子切肉。

最後是「**關聯的 with**」，一樣是從「擁有的 with」來發想。例如「和你在一起有什麼問題嗎？」這句可以解釋成「**關於**你有什麼問題嗎？」，最後變化出 What is the matter with you? 的用法。

---

⑤ What is the matter with you?

譯 你怎麼了？

---

with 總整理

● with 的「核心」是「對立」
　（對立的 with／同伴的 with／擁有的 with／器具的 with／關聯的 with）

Lesson 38 介系詞的抽象化①

43

[**本課 POINT！**

介系詞＋抽象名詞，詞性會產生變化。]

　　介系詞還可藉由在後方加上抽象名詞（肉眼看不見的名詞）改變介系詞本身的意思，從而創造出新的語意，這個現象稱作「**介系詞的抽象化**」。下面一一為你介紹 介系詞＋抽象名詞 變化出不同詞性的例子。

with＋抽象名詞 ＝變化為副詞
- -
　　這是在 with 後面加上抽象名詞，使整個片語變成副詞的用法。舉例來說，with care「要小心」＝副詞 carefully「小心地」。with 有許多用法，如何解讀字義常使人煩惱，但只要記住「介系詞抽象化」的規則，就能立刻把 with care 解讀為正確的 carefully。

---

❶ You should carry this package with care.

譯 你必須小心地搬運這件貨物。

　　接著介紹，將片語 with ease 變成**副詞** easily「簡單地」的用法。

---

❷ He solved the problem with ease.

譯 他簡單地解決了這個問題。

　　只要知道 with ease ＝ easily，就能正確理解上述例句的意思為「他簡單地解決了問題」。我們繼續來看 of ＋抽象名詞 ＝形容詞吧。

---

of＋抽象名詞 ＝變化為形容詞

---

　　of＋抽象名詞 變化為形容詞。同樣地，of 也有許多用法，但只要看到 of importance，便能輕鬆辨別整個片語的意思是 important「**重要的**」。大部分的時候，of 和 importance 之間會放入 great 及 no 等形容詞。

❸ **Time is of great importance.**

（譯） 時間非常重要。

　　接著還有**片語 of value**，**意思是** valuable「**有價值的**」。of great value 即「非常有價值的」。

❹ **His lecture is of great value to me.**

（譯） 他的課對我來說非常有價值。

　　最後是 of use ＝ useful「**有用的**」。

❺ **This tool was of no use.**

（譯） 這個道具完全派不上用場。

　　以下為你整理 介系詞＋抽象名詞 **轉換詞性**的例子。

┌─────────────────────────────
│ 介系詞的抽象化①總整理
● with＋抽象名詞 ＝副詞（**with care ＝ carefully**／**with ease ＝ easily** 等）
● of＋抽象名詞 ＝形容詞（**of importance ＝ important**／**of value ＝ valuable**／**of use ＝ useful** 等）

44

Lesson 39 介系詞的抽象化②

> **本課 POINT！**
>
> 介系詞的意思也會產生轉變。

　　以介系詞 **over** 來舉例，許多人應該會聯想到「越過」。例如 There is a nice bridge **over** the river. 的意思為「這條河上有一座漂亮的橋」，亦衍生自橋「**越過**」河川的畫面。

---

❶ There is a nice bridge over the river.

🔊 譯 這條河上有一座漂亮的橋。

從 over 的「越過」延伸出「一邊……」

　　那麼，如果是 Let's talk over a cup of coffee. 的 over 又是什麼意思呢？答案是「讓我們**一邊**喝咖啡**一邊**聊天」，乍看之下，似乎跟「越過」毫無關係？事實上，over 的「越過」在這裡並未消失，「**讓我們『越過』咖啡的上方說話吧**」＝「**讓我們一邊喝咖啡一邊聊天**」。請想像桌上放著兩杯咖啡，兩人的對話之間彷彿架起了一座橋，那的確是「**一邊喝咖啡一邊聊天**」，不是嗎？此用法稱作「**從事的 over**」，意思為「**一邊……**」，之所以叫「從事」，是因為它是從「投入某件事」衍生出來的用法。如此這般，由於本來的具體語意變化成另一種意思，故稱作「**介系詞的抽象化**」。

---

❷ Let's talk over a cup of coffee.

🔊 譯 讓我們一邊喝咖啡一邊聊天。

---

　　over 的「越過」是一種覆蓋的感覺，如果要指更廣的範圍，要用 above「**在上面**」，我們來看這個字如何演變。above 的原意為「**在～上面**」，例如 The clock is **above** my bed. ，意思為「時鐘掛在我的床鋪上面」。

❸ The clock is above my bed.

譯 時鐘掛在我的床鋪上面。

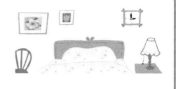

從 above 的「在～上面」延伸出「無法理解」

　　above 本來單純指物理上的位置，但也進一步延伸出**「超越」**的意思，指**「無法理解」**。例如 The lecture was **above** me.，意思為「這堂課我無法理解」，這邊的**「無法理解」**就是從**「超越我的理解之上」**演變而來。

❹ The lecture was above me.

譯 這堂課我無法理解。

　　接著來看 beyond，意思是「越過」、「再過去的另一邊」。

從 beyond 的「越過」延伸出「否定」

　　beyond 的「越過」一樣用來表示地理位置，例如 The store is just **beyond** the river.，意思為「那間店剛好在河川的另一邊」。

❺ The store is just beyond the river.

譯 那間店剛好在河川的另一邊。

　　此外，beyond 也從本身的「越過」進一步衍生出**否定的意思**。例如 beyond description，便在後面加上抽象名詞 description（描述），變成「超越了描述」＝否定語「說不出話的程度」。其他還有 beyond one's understanding「無法理解的程度」、beyond belief「無法置信」等。

❻ The picture is beautiful beyond description.

譯 這幅畫美到我說不出話。

最後介紹 under「在下面」。例句為 Please write your name **under** your address.，意思是「請在地址下面寫上名字」，用來單純表示位置。

> **❼ Please write your name under your address.**
>
> 譯 請在地址下面寫上名字。
>
> address
> name
> under

當然，under 也延伸出了新的意思。

從 under 的「在下面」延伸出「正在～」

under 的「在下面」若加上**抽象名詞** construction（建設），意思會變成**在該名詞的「支配下」或「影響下」**，因此，under construction 指的是「**建設當中**」，under 在這裡的意思可以解釋為「**正在～**」。例如 This stadium is **under** construction. 這一句，指的是「**在建設的影響下**」＝「**在建設當中**」。其他還有 under discussion「**議論當中**」、under way「**進行中**」等。

> **❽ This stadium is under construction.**
>
> 譯 這座體育館還在建設當中。

介系詞的抽象化②總整理

● over 的「核心」是「越過」
  ⇒ **從事的 over**（over a cup of coffee「一邊喝咖啡」等）
● above 的「核心」是「在上面」
  ⇒ **超越的 above**（above me「超越我的理解」等）
● beyond 的「核心」是「越過」
  ⇒ **否定的 beyond**（beyond description「說不出話的程度」、beyond belief「無法置信」等）
● under 的「核心」是「在下面」
  ⇒ **正在的 under**（under construction 指的是「建設當中」、under discussion「議論當中」等）

Lesson29 at

● at 的「核心」是「點」⇒ 時間的 at（時針指的一點）／ 地點的 at（地圖上的一點）／ 程度的 at（刻度上的一點）／ 對象的 at（準星的一點）／ 情緒對象的 at（對象的一點）

Lesson30 on

● on 的「核心」是「接觸」⇒ 信賴的 on ／根據的 on ／星期、日期的 on

Lesson31 in

● in 的「核心」是「包圍」⇒ 方位的 in ／狀態的 in ／穿戴的 in ／時間經過的 in

Lesson32 from

● from 的「核心」是「起點」⇒ 出發點的 from ／原料、原因的 from ／分離的 from ／區分的 from

Lesson33 to

● to 的「核心」是「箭頭」⇒ 終點的 to ／方向的 to ／對準的 to ／ to one's 情緒名詞

Lesson34 for

● 贊成的 for ／尋求的 for ／原因的 for ／交換的 for

Lesson35 by

● by 的「核心」是「在附近」⇒ 動作者的 by ／期限的 by ／經由的 by ／使
用 by 的慣用語（stand by、come by 等）

Lesson36 of

● of 的「核心」是「關聯」⇒ 分離的 of ／掠奪的 of ／材料的 of ／關聯的 of

Lesson37 with

● with 的「核心」是「對立」⇒ 對立的 with ／同伴的 with ／擁有的 with ／
器具的 with ／關聯的 with

Lesson38、39 介系詞的抽象化①、②

● with ＋抽象名詞 ＝副詞（with care ＝ carefully、with ease ＝ easily 等）
● of ＋ 抽象名詞 ＝ 形容詞（of importance ＝ important、of value ＝
valuable、of use ＝ useful 等）
● over 的「核心」是「越過」
⇒從事的 over（over a cup of coffee「一邊喝咖啡」等）
● above 的「核心」是「在上面」
⇒超越的 above（above me「超越我的理解」等）
● beyond 的「核心」是「越過」
⇒否定的 beyond（beyond description「說不出話的程度」、beyond belief「無
法置信」等）
● under 的「核心」是「在下面」
⇒正在的 under（under construction 指的是「建設當中」、under discussion
「議論當中」等）

COLUMN

45

英文文法專欄⑥
介系詞在對話裡也相當活躍！

實際上，在一般口語對話裡，介系詞也相當活躍。例如 It's ten to five. 這一句，讓人一聽就知道是幾點，對吧？在前面的章節裡，我曾介紹介系詞 to 的「核心」為「箭頭」。既然如此，我們把上方例句加上箭頭試試看吧。**It's ten → five.，再過 10 分鐘就是 5 點，所以是 4 點 50 分。**另外，此用法只會用在倒推時間時，所剩的時間不多的狀態，像是「剩下 10 分鐘」、「剩下 5 分鐘」等，要特別留意。

> **例 It's ten to five.**
> 譯 4點50分。

接著來看 for 如何活用在對話裡吧。例如 I'm all for it. 這一句，請問是什麼意思呢？回想一下 for 的「核心」是「方向」。以積極的心情「面對」某樣東西，會衍生出「贊成的 for」。而 all 在這邊的作用是強調，指「完全」，由此可知，I'm all for it. 是「舉雙手贊成」。

> **例 I'm all for it.**
> 譯 舉雙手贊成。

此外，每次搭乘新幹線都會播放車廂廣播，日語說完會接著說英語，請問，The train is bound for Osaka. 是什麼意思呢？ for 表示方向，所以 be bound for 是「前往」。

> **例 The train is bound for Osaka.**
> 譯 本列車開往大阪的方向。

最後來看 You asked for it.，從文脈上看得出是什麼意思嗎？前面章節曾提到，for 從「方向」延伸出「尋求」的用法，由此可知，ask for 是「尋求」，You asked for it. 是「你尋求它」＝「自作自受」。

> **例 You asked for it.**
> 譯 自作自受。

Lesson 40 類否定語

46

> **本課 POINT！**
>
> 看見「類否定語」就知道是否定句！

　　讀英文的時候，我們只要看見具代表性的否定語，像是 not 或 never 等，腦中便會豎起雷達，知道這個句子會是一個否定句。但除此之外，英文裡還有一個「**類否定語**」，即使句子裡沒出現 not 或是 neve，一樣會是否定句。接下來介紹的類否定語，全是需要注意的單字。

用頻率作否定的類否定語

　　用頻率作否定的類否定語有 rarely，指「**很少**」。有些人可能是初次看見這個單字，但它的形容詞其實就是「**稀有**」、「**難得**」的 rare，你一定不陌生，**副詞表示「很少」**。例如「我很少去看電影」，I rarely go to the movies.。以後你一看見 rarely 便可豎起雷達，知道這是一個否定句。對了，由於 the movies 為複數，所以是「**電影院**」。

---

❶ I rarely go to the movies.

譯　我很少去電影院看電影。

　　再介紹一個比 rarely 生硬的單字，文章常會用到的 seldom，意思也是「**很少**」。另外，**never 是強烈的頻率否定語，意思是「從來沒有」**。接下來看使用程度作否定的類否定語。

用程度作否定的類否定語

　　這邊介紹一個**使用程度作否定的類否定語 hardly，意思為「幾乎沒有」**。如同我在 p.87 所寫，hardly 衍生自 **hard 的「困難」** ⇒「**做事困難**」⇒「**幾乎無法完成**」⇒「**幾乎沒有**」。例如「他幾乎聽不懂那位老師教的」這一句就可寫成 He could **hardly** understand the teacher.。

2 **He could hardly understand the teacher.**

(譯) 他幾乎聽不懂那位老師教的。

還有一個比較生硬的單字叫 scarcely，意思相當於 hardly，都是「幾乎沒有」。最後介紹**使用數量作否定的類否定語**。

用數量作否定的類否定語

如同我在 p.82～83 所介紹的，few 和 little 也是用數量「只有一點點」表示「幾乎沒有」的字。例句**2**的 hardly 及 scarcely 是用程度來作否定，few 和 little 則是用數量來作否定。few 表示數量，little 表示分量，兩者的意思都是「很少」，few 用在可數名詞，little 用在不可數名詞。

3 **There were few people in the restaurant.**

(譯) 這間餐廳裡幾乎沒有人。

附帶一提，「1 個都沒有」是強烈的數量否定語，意思為 no。

類否定語總整理
● 用頻率作否定的類否定語 ⇒ rarely（seldom）「很少」
● 用程度作否定的類否定語 ⇒ hardly（scarcely）「幾乎沒有」
● 用數量作否定的類否定語 ⇒ few／little「幾乎沒有」

Part
7

否定、疑問

47

Lesson 41 部分否定

本課 POINT！

部分否定＝ not ＋ 100%word ！

　　想要了解「**部分否定**」，就要連同表示反對的「**全部否定**」一起了解。**全部否定是「全都不」，部分否定是「並非都是」**。舉例來說，Nobody knows what may happen tomorrow. 就是全部否定，意思為「沒人知道明天會發生什麼事」。

❶ **Nobody knows what may happen tomorrow.**

譯 沒人知道明天會發生什麼事。

　　接著介紹部分否定的句子。例如 Not everybody can do it.，意思為「不是全部的人都做得到」，從語意上來看，**有一部分的人做不到，所以有部分否定**。

❷ **Not everybody can do it.**

譯 不是全部的人都做得到。

　　那麼，我們該從哪些地方辨識出部分否定呢？

部分否定＝not＋100%word

　　Not everybody（不是全部的人）便是部分否定的代表句型，特徵是 **not 的後面接 everybody（全部的人）這類表示 100% 的單字**。

　　下一個例句是 Great men are **not always** wise.，意思為「偉人不見得都是聰明的」，這也是一個部分否定句，辨識特徵為 **not 的後面使用了表示 100% 的always（總是）**。

❸ Great men are not always wise.

（譯）偉人不見得都是聰明的。

再介紹一個跟 not always 頻率相等的部分否定表現：**not necessarily**，意思是「**不一定、未必**」。例如 The rich are **not necessarily** happy.，「有錢人不見得快樂」。**the ＋形容詞**指「人們」，所以 the rich 指「有錢人」。

❹ The rich are not necessarily happy.

（譯）有錢人不見得快樂。

以 上 就 是 100%word 裡 的 名 詞（everybody） 和 副 詞（always、necessarily），最後來介紹形容詞 all。比方說，**Not all** children like soccer.（不是所有孩子都喜歡足球）。

❺ Not all children like soccer.

（譯）不是所有孩子都喜歡足球。

請記得，所有的部分否定句，皆是**認同「有例外」的表達方式**。例句❷是說也有人做不到；例句❸是說也有不聰明的偉人；例句❹是說也有不快樂的有錢人；例句❺是說也有不喜歡足球的孩子。翻譯時請多多善用「**不一定**」、「**不見得**」。

> **部分否定總整理**
> ● 部分否定 ＝ not ＋ 100%word（everybody、always、necessarily、all 等）

Part 7 否定、疑問

Lesson 42 沒有使用not的否定句

48

本課 POINT！

切勿死背沒有使用 not 的否定句！

　　本課介紹既沒有使用否定語 not，也沒有使用類否定語 rarely、few 的否定表現。請一邊思考這些句子為何是否定，一邊往下看。例如 The book is far from satisfactory. 這一句，直譯的意思為「這本書距離滿足很遙遠」=「這本書**絕對無法滿足你**」，裡面並未使用 not，即能充分表達否定之意。far from =「**距離很遠**」=「**絕不**」。

---

❶ The book is far from satisfactory.

🗨 這本書絕對無法滿足你。

　　我們繼續來看不使用 not 的「絕不」有哪些例子。

far from、by no means、anything but 都是「絕不」

　　先說明 by no means 為何表否定。means 本來是名詞，意思是「**手段**」，「**用任何手段都無法**」=「**絕不**」。

---

❷ She is by no means stupid.

🗨 她絕不笨。

精明！

　　接著看 anything but。這個用法由介系詞 but（以外）+ anything（全部）組成，直譯為「**～以外的什麼都好**」=「**絕不**」。

❸ He is anything but a gentleman.

譯 他絕不是一個紳士。

接下來介紹跟例句❶的 far from 很相近的 free from ＝「沒有」。

free from 是「沒有」

free from 指的是「沒有」。和 far from 不一樣的地方是，far from 表示否定，free from 是「0」，用來否定事物本身的存在。

❹ His book is free from mistakes.

譯 這是他寫的書沒有錯。

最後來看 the last person to do，指「看起來最不可能」。

the last person to do 是「最後做的人」

She is the last person to do that. 直譯是「她是最後做那件事的人」＝「她不像是會做那件事的人」。the last person to do (that) ～是「最後做那件事的人」＝「最不可能做那件事的人」，因此這個句子也是沒有 not 的否定句。

❺ She is the last person to do that.

譯 她是最不可能做那件事的人。

沒有使用 not 的否定句總整理
- far from、by no means、anything but「絕不」
- free from「沒有」
- the last person to do (that)～「最不可能做那件事的人」

Lesson 43 否定疑問句和附加問句

49

本課 POINT！

英文要針對動詞回答 Yes 或 No！

　　說到英文的問句，在一般問句的<u>第一個助動詞加上 not，就會變成否定疑問句；</u>
<u>將主要子句於句末倒裝為疑問句型，就會變成附加問句。</u>

否定疑問句要「針對動詞」回答 Yes 或 No！

- -

　　否定疑問句怎麼寫呢？以 Do you like this book? 來舉例，只要在<u>前面的助動</u>
<u>詞 Do 加上 not</u>，變成 **Don't** you like this book? 就行了，目的是<u>詢問對方的想法</u>。

---

❶ Don't you like this book?

🈩 你不喜歡這本書嗎？

　　否定疑問句最容易弄錯的地方是「回答方式」。按照日文（中文也是）的邏輯，
被問到「不喜歡嗎？」時，很容易回答「對，不喜歡」，犯了 Yes 和 No 使用上的
錯誤。在英文裡，「對，不喜歡」要說 No, I don't. 才正確。反過來，如果是「不，
我喜歡」則要說 Yes, I do.。

---

❶' Don't you like this book?

🈩 你不喜歡這本書嗎？
　 Yes, I do. 不，我喜歡。
　 No, I don't. 對，不喜歡。

　　正確回答否定疑問句的訣竅是：跳脫中文思考！此外，由於**英文是針對動詞回**
答 Yes 或 No，所以喜歡的話就說 Yes，不喜歡的話就說 No，這樣想就不難了。接
著介紹附加問句。

在句末追加倒裝就會變成附加問句

附加問句要怎麼寫呢？以 It is very cold. 來舉例，將 It is 倒裝至句末，寫成追加的 isn't it 就行了，目的一樣是**用來詢問對方的想法或徵求同意**。

❷ **It is very cold, isn't it?**

譯 今天非常冷，對吧？

很冷吧？

其他常見例句還有**在 Let's ～的句末加上 shall we?**。此句型可用來表達「我們去看電影，好嗎？」，寫成 Let's go to the movies, **shall we?**。

❸ **Let's go to the movies, shall we?**

譯 我們去看電影，好嗎？

最後介紹**命令句的附加問句**。寫法是**在命令句的句末加上逗號並追加 will you?**。由於命令句會省略主詞 You，所以可在句末用 will you? 進行追加。此句型可用來表達「快點出門，好嗎？」，藉此表示最後通牒。

❹ **Leave home early, will you?**

譯 快點出門，好嗎？

否定疑問句和附加問句總整理

● 否定疑問句 ⇒ 由 Don't 等否定句型開頭，其他人可針對動詞進行回答
● 附加問句　 ⇒ 肯定句用否定句，否定句用肯定句，Let's 用 shall we，命令句在句末加 will you

50

Lesson 44 疑問句的慣用句

> **本課 POINT！**
>
> Would you mind doing ～？是在徵求同意。

　　在文法上需要特別留意的疑問句有 Would you mind doing ～？，這句話字面上的意思是「你會介意～嗎？」，但它也是在說「你一定不會介意的，對吧？」。沒錯，這是一個**合理徵求同意的疑問句**，想像你和一群朋友走進速食店，看到多人使用的座位上只坐著一位客人，想合理地請他交換位子時，就可以說 Would you mind exchanging seats?。

---

❶ Would you mind exchanging **seats?**

譯 你會介意交換座位嗎？

針對 Would you mind doing～？可回答 Not at all.

　　由於 Would you mind doing ～？是**在合理的情況下徵求同意**，對方通常會回答 Not at all. 或是 Of course (Certainly) not. 表示「當然好」。要注意的是，這兩句雖然都用了 not，但全是 O.K. 的意思。如果是例外的拒絕情況，英文會用強調的方式說 Yes, I would.，不要弄錯意思了。

---

❶ Would you mind exchanging **seats?**

譯 你會介意交換座位嗎？

Not at all.「完全不介意」＝「請」

Of course（Certainly）not.「當然不介意」＝「請」

Yes, I would.「是，我會介意」＝「拒絕」

接著來看不用 Why 詢問原因的句子，分別有 How come ～?（為何）與 What ～ for?（為了什麼）。

How come～? 的後面接 SV

How come ～?用來詢問原因「為何？」，它**雖然是個疑問句，但不需要倒裝，後面直接使用 SV 就行了**。為什麼只有 How come ～?不需要按照一般問句的規則進行倒裝呢？事實上，是倒裝的部分被省略了。這個用法本來會用形式主詞 it，寫成 **How did it come about that ～?** 表示「**這是怎麼發生的？**」，但因為 did it 和 about that 被省略了，所以才變成你看到的 How come ～?，後面～內的句子屬於 that 子句的一環，所以不用倒裝。了解這些之後，就能明白這個句子是在**詢問～發生的前因後果**。

❷ **How come you are angry?**

譯　你為什麼在生氣？

你的怒氣是怎麼來的？

最後來介紹 What ～ for?（為了什麼）。

What～for? 用來詢問目的

例如 What did you go there for? 就是在**詢問目的**，意思為「你去那裡是為了什麼呢？」。只要知道 for 表示「**為了**」，就能一眼看出語意。

❸ **What did you go there for?**

譯　你去那裡是為了什麼呢？

你去那裡做什麼？

疑問句的慣用句總整理

● **Would you mind doing ～?**「你會介意～嗎？」
　⇒ 請注意！「當然好（當然不會介意）」是 Not at all.、Of course not.、(Certainly) not.，看起來都是否定句
● **How come SV?**「為何？」／ **What ～ for?**「為了什麼？」

Lesson40 類否定語

● 頻用頻率作否定的類否定語 ⇒ rarely（seldom）「很少」
● 用程度作否定的類否定語　 ⇒ hardly（scarcely）「幾乎沒有」
● 用數量作否定的類否定語　 ⇒ few / little「幾乎沒有」

Lesson41 部分否定

● 部分否定 ＝ not＋100%word(everybody、always、necessarily、all等)

Lesson42 沒有使用 not 的否定句

● far from、by no means、anything but「絕不」
● free from「沒有」
● the last person to do (that) ～「最不可能做那件事的人」

Lesson43 否定疑問句和附加問句

● 否定疑問句 ⇒ 由 Don't 等否定句型開頭，其他人可針對動詞進行回答
● 附加問句　 ⇒ 肯定句用否定句，否定句用肯定句，Let's 用 shall we，命令
　　　　　　　　句在句末加 will you

Lesson44 疑問句的慣用句

● Would you mind doing ～?「你會介意～嗎？」
　➡請注意！「當然好（當然不會介意）」是 Not at all.、Of course not.、
　　(Certainly) not.，看起來都是否定句
● How come SV?「為何？」/ What ～ for?「為了什麼？」

51

英文文法專欄⑦

需要留意的疑問句

　　介紹兩個需要留意的疑問句,首先是「間接問句」。舉例來說,「你在高興什麼呢?」的英文一般寫作 Why are you happy?。但是,間接問句的「我不明白你在高興什麼」則寫成 I don't know why you are happy.。如同兩個例句所示,**使用問句作為句子的主詞、補語及受詞的句子稱作「間接問句」**,它和一般問句最大的不同是**沒有倒裝**。

> 例 **I don't know** why you are happy.
>
> 譯 我不明白你在高興什麼。

　　接著介紹**適合用 wh 開頭的問句**,以及**適合用間接問句且為 Do 開頭的問句**。舉例來說,「你認為那個人是誰?」就不適合用 Do 開頭寫成 Do you think who that person is?,知道原因嗎?因為,Do 開頭的問句通常要回答 yes 或 no,但這句話是在問「那個人是誰?」,回答 yes 或 no 邏輯不通,像這種時候,就要使用 wh 開頭的問句,寫成 Who do you think that person is? 才對。

> 例 **Who do you think** that person is?
>
> 譯 你認為那個人是誰?

　　但如果是「你知道那個人是誰嗎?」就能寫成 Do you know who that person is?,因為此句跟上句不同,**是可以回答 yes 或 no 的問題**,所以適合用 Do 開頭的問句。

> 例 **Do you know who** that person is?
>
> 譯 你知道那個人是誰嗎?

Lesson 45　強調語

52

本課 POINT！
強調語要連詞類一併了解！

完整的強調句及倒裝，我的相關系列作當中已有詳細說明，本書便略過，在此介紹強調句以外的強調語，並從詞類來歸納。

疑問詞的強調語有 in the world 與 on earth

介紹兩個疑問詞的強調語：in the world 與 on earth。假設有個男人正在生氣，你看見之後，問他旁邊的人說：「你**究竟**對他說了什麼？」這邊的「究竟」有強調的意思。在英文想要強調疑問詞 what 時，可以使用 in the world，寫成 What in the world did you say to him?。

❶ **What in the world did you say to him?**
(譯) 你究竟對他說了什麼？

接著請想像有個人在你面前做出誇張的舉動，你想對他說：「你**到底**在搞什麼？」，這邊的「到底」可用 on earth，寫成 What on earth are you doing?。

❷ **What on earth are you doing?**
(譯) 你到底在搞什麼？

下面為你介紹否定語 not 的強調語。

not 的強調語有 at all 與 in the least

想要強調 not 時可以用 at all 與 in the least。因為強調的對象是 not，所以寫

成 not ～ at all，意思是「完全沒有」。比方說，想要表達「我完全沒看電視」時，便可使用 at all，寫成 I don't watch TV **at all.**。

❸ I don't watch TV at all.

譯 我完全沒看電視。

接著來看使用 little 的最高級 least（最小的）強調的句型：not ～ **in the least.**，意思為「**絲毫沒有、完全沒有**」。比方說，想要表達「我完全聽不懂那堂課」時，便可使用 in the least，寫成 I didn't understand the lecture **in the least.**。

❹ I didn't understand the lecture in the least.

譯 我完全聽不懂那堂課。

Part
8

強
調
、
省
略

強調語總整理

● 強調疑問詞　⇒ in the world ／ on earth「究竟、到底」
● 強調 not　⇒ not ～ at all
　　　　　　　　not ～ in the least「完全沒有」

知識
補給站
α

very 也能用來強調名詞！

very 可以寫成 very fast（非常快），發揮副詞的作用來強調形容詞。但也有例外，the very ＋ 名詞 這個用法就是用來**強調名詞**，意思為「**正是它 名詞**」。例如「這就是我一直想看的電影」，就能派出 the very 上場，寫成 This is the very movie I have wanted to see.。

This is the very movie I have wanted to see.

譯 這就是我一直想看的電影。

Lesson 46 省略SV

53

> **本課 POINT！**
>
> 留意連接詞後面省略的 SV！

SV 是英語裡相當重要的元素，通常極少省略。然而，連接詞後面的 SV 有時會省略，請看以下例句：

> **❶ When young, I was interested in Hollywood movies.**
>
> 🔤 年輕時，我對好萊塢電影很感興趣。

在例句❶，When young 這邊有出現省略。我在 p.13 介紹過，When 是一個從屬連接詞，**本來句子應該寫成 When S'V', SV，但例句❶的 When 後面沒有 S'V'**，由此可知，SV 被省略了。

S 和主要子句是同一個 S，V 是be動詞。

話雖如此，也不是隨便一個句子都能省略，只有**主詞和主要子句（不含從屬連接詞在內的主要句子）的主詞相同，且動詞為 be 動詞的情況下才能省略**。原因在於，既然主詞一樣，就不需要特別寫出；而 be 動詞即使被省略了，也能從後面的單字了解語意。因此，回推一下就知道，例句❶的主詞和主要子句一樣都是 I，而 When 和 young 之間的 be 動詞 was 被省略了。只要知道本來的句子是 When I was young，就能輕鬆看懂前面的句子是指「當我年輕時」。接著請看下一個例句，並思考哪個部分被省略了吧。

> **❷ Cold chicken is delicious when eaten with salad.**
>
> 🔤 冷雞肉搭配沙拉一起吃很好吃。
>
> delicious!!

首先，看到句子裡的連接詞 when，就能知道後面的 S'V' 被省略了。其次，因為 S 和主要子句相同，所以是 it（cold chicken）；接著再補上 be 動詞，就能正確還原出完整的語意：when it is eaten with salad（搭配沙拉一起吃）。下一個例句也有部分省略，請找出它並作出分析。

❸ If necessary, you can use my PC.

譯　有需要的話，你可以使用我的電腦。

if 和 when 一樣是從屬連接詞，由此可知，後面的 S'V' 被省略了。但是，套上和主要子句一樣的 S 並且補上 be 動詞後，句子會變成 If you are necessary，這在文法上是錯誤的，如同我在 p.77 的說明，**necessary 不能拿人當作主詞**。我們繼續往下看。

表示整個主要子句的it與be動詞被省略了

　　If necessary（有需要的話）是一個常見的慣用句，省略了**表示整個主要子句的 it 與 be 動詞**。因此，例句❸省略的是 it is，而 it 指主要子句「使用我的電腦」。我們來看最後一個例句：

❹ I would like to take a picture with you, if possible.

譯　如果可以，我想和你一起拍照。

if possible（如果可以）和 If necessary 一樣，省略了表示主要子句的 it 及 is，因此完整的意思為「我想和你一起拍照，如果可以的話」。

省略 SV 總整理
● 連接詞後面的 **S ＋ be 動詞**被省略（和主要子句共用 S 及 be 動詞）
● if necessary（有需要的話）／ if possible（如果可以）省略了 it is

54

Lesson 47 其他省略

> **本課 POINT！**
> 出現過的資訊可以省略！

　　本課繼續介紹上一課沒提到的其他省略。所謂的省略並不是指資訊突然消失，而是**省略已經出現過的、讀者或聽者已經知道的資訊**。請看下方例句：

❶ I like coffee, and my wife tea.

譯 我喜歡咖啡，我太太喜歡茶。

　　看上去，例句❶的 and 後面只有名詞 my wife tea 並列。不過，只要留意 and 前面的 I like coffee，就能知道後面的句子是 my wife likes tea，wife 和 tea 之間省略了 likes。

省略共通點
- -

　　如上所示，在同樣的句型裡，已經出現過的資訊被省略，稱作「省略共通點」。下面例句也有省略，請分析看看。

❷ My father teaches mathematics and my mother English.

譯 我爸是數學老師，我媽是英文老師。

　　從 and 的前後文可以看出 My father teaches mathematics 與 my mother **teaches** English 的完整語意。由於 teaches 是已知資訊，所以被省略了。

❸ He went there, though his parents told him not to.

譯 即使他的父母叫他不要去那裡，他還是去了。

代不定詞用 to 替代不定詞

　　「代不定詞」只用短短一個 to 就替代了整個不定詞子句。本來例句❸完整的句子應為 told him not to go there，但因為 go there 在前面出現過了，所以只需要留下一個 to。我們來看最後一個例句。

❹ **Would you like to go to the movies?**

譯 要不要去看電影？

I'd love to.

譯 當然要。

　　如同例句❹，代不定詞也能用來回答問題，省略 would like to do 或 would love to do 的 do，只留下 to。例句❹也省略了 I would love to go to the movies.，簡短地回答 I'd love to.。

　　以下為其他省略的總結。

> 其他省略總整理
> ● 省略共通點 ⇒ 可以省略一樣句型的已知資訊
> ● 代不定詞　　⇒ 用一個 to 替代不定詞子句

如何強調動詞呢？

　　part7 介紹了疑問詞、not 和名詞的強調語，除此之外，動詞也有強調語。例如「我拚命向她道歉」，英文會說 I did apologize to her.。這邊的 did 稱作「**強調助動詞 do**」，會根據主詞和時態變化成 does 或 did。

I did apologize to her.

譯 我拚命向她道歉。

Part
8
強調、省略

Lesson45 強調語

● 強調疑問詞 ⇒ in the world 、on earth「究竟、到底」
● 強調 not　⇒ not ～ at all、not ～ in the least「完全沒有」
● 強調名詞　⇒ the very ＋ 名詞 「正是它 名詞 」

Lesson45、46 省略

● 連接詞後面的 S ＋ be 動詞被省略（和主要子句共用 S 及 be 動詞）
● if necessary（有需要的話）/ if possible（如果可以）省略了 it is
● 省略共通點 ⇒ 可以省略一樣句型的已知資訊
● 代不定詞　⇒ 用一個 to 替代不定詞子句

COLUMN

英文文法專欄⑧

強調句應用篇

我在本書的系列作詳細說明過強調句，在此介紹新的應用句型。

請看以下例句：

> **例** **It was not Tom but Mike that told a lie.**
>
> **譯** 說謊的不是湯姆，而是麥克。

強調句 It is A that～.「～的是 A」非常適合和 not A but B「不是 A 而是 B」搭在一起，這樣的句子會產生一種對比語感，用「不對不對，其實啊……」的方式來強調前面的訊息──「湯姆說謊」是錯誤的。接著，我們來看下面這一句：

> **例** **It is not what you say that matters, but how you say it.**
>
> **譯** 重要的不是你說什麼，而是你怎麼說。

這個句子本來應該是 It is not what you say but how you say it that matters.，所以是一個 It is not A but B that～. 句型。不過，當 not A but B 的資訊比較重要時，也可以把 but B 往後擺，寫成 It is not what you say that matters, but how you say it.，在 matters 的後面加個逗號，用 but 傳達後續資訊。

另外，matter 是動詞，意思是「重要」，所以整句可解釋為「重要的不是你說什麼，而是你怎麼說」。

遇到類似的句子時，請想起強調句的應用型 It is not A but B that～. 以及將 but B 往後擺的 It is not A that～, but B 句型來掌握語意吧。

Lesson 48 不及物動詞與及物動詞的慣用法

> **本課 POINT！**
> 留意相似的「不及物動詞」和「及物動詞」！

　　不及物動詞需要加上介系詞才能接受詞，及物動詞可以直接接受詞使用。我們馬上來區分 rise 與 raise 吧。

rise 是不及物動詞，raise 是及物動詞。

　　rise 是不及物動詞，意思為「上升」、「升起」。例如「太陽從東邊升起」，英文會寫成 The sun **rises** in the east.。

---

❶ The sun rises in the east.

譯 太陽從東邊升起。

　　而 raise 是及物動詞，意思為「舉起」。例如「他舉手表達自己的意見」，英文寫成 He raised his hand to express his opinion.。

---

❷ He raised his hand to express his opinion.

譯 他舉手表達自己的意見。

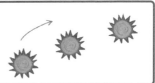

　　接著來區分 grow up 和 bring up。

grow up 是不及物動詞，bring up 是及物動詞。

　　grow up 是不及物動詞「長大」，例如「我在靜岡長大」，英文寫成 I **grew** up in Shizuoka.。

---

❸ I grew up in Shizuoka.

譯 我在靜岡長大。

而 bring up 是及物動詞「養育」，常使用被動語態，如 I was brought up to respect my parents.，意思為「我被養育成要尊敬父母」。

❹ I was brought up to respect my parents.

譯 我被養育成要尊敬父母。

最後來介紹 lie 和 lay 的差異。

lie 是不及物動詞，lay 是及物動詞。

lie 是不及物動詞，意思有「躺」與「在」等，表示有事物存在。現在式→過去式→過去分詞的三態變化為 lie-lay-lain。

❺ I lay in the sun for a long time.

譯 我花了很長的時間做日光浴。

而 lay 是及物動詞，拿人當受詞時為**「使人躺下」**，拿其他東西當受詞時為**「擺放」**。三態變化為 lay-laid-laid。

❻ I laid her coat carefully on the bed.

譯 我小心地將她的外套放在床上。

不及物動詞與及物動詞的慣用法總整理

不及物動詞	及物動詞
rise「上升」	raise「舉起」
grow up「長大」	bring up ＝ raise「養育」
lie「躺（在）」	lay「使人躺下（擺放）」

Part
9
動詞的慣用法

Lesson 49　「出借」、「借來用」的慣用法

57

本課 POINT！

「借來用」要看「需不需要付錢」及「能不能移動」！

　　「出借」和「借來用」當中，又屬「借來用」特別困難，本課將著重說明「借來用」的部分。「借來用」的英語有 rent、use、borrow 等，我們先從「付費租借」的 rent 來進行說明。

「付費租房子」用 rent

　　付費租屋、租空間時會用 rent 這個字。例如「我預定下個月要在東京租公寓」，英語會說 I am going to **rent** an apartment in Tokyo next month.。

---

❶ I am going to rent an apartment in Tokyo next month.

🈶 我預定下個月要在東京租公寓。

　　而 use 和 borrow 都是免費借用，因此要從「能不能移動」來判斷。

「借用免費可移動的東西」用 borrow
----

　　borrow 用在**借用免費、可移動的東西**，比方說，從圖書館借書就是免費且可移動，或是向朋友借腳踏車時也能用 borrow，因為是跟朋友借的，不用收錢，而且腳踏車可以移動。

---

❷ Could I borrow your bike?

免費且可移動

🈶 可以借我腳踏車嗎？

「借用免費不能移動的東西」用 use

　　use 用在借用免費、不能移動的東西時，比方說借廁所，雖然免費但不能移動，所以要用 use。

---

❸ **Could I use your bathroom?**

譯 我可以跟你借洗手間嗎？

不能移動

　　附帶一提，「廁所」分成 bathroom 和 restroom。bathroom 的 bath 是「浴缸」，但美國的浴廁通常合在一起，所以 bathroom 也指「廁所」。而 restroom 是在外面借用「廁所」時用的，指外出活動時「休息」的地方。以下來看**「出借」的慣用法**。

「出借」是 lend O_1 O_2，「收錢出租房子」用 rent。

　　只要記住**「出借」是 lend O_1 O_2「把 O_2 借給 O_1」**就行了。例如「可以借錢給我嗎？」就用 Could you lend me some money?。

---

❹ **Could you lend me some money?**

譯 可以借錢給我嗎？

　　而**收錢出租房子時**不用 lend，**要用 rent**。

---

❺ **I rent my apartment to other people.**

譯 我把我的公寓租給了其他人。

> 「出借」、「借來用」的慣用法總整理
> ●「借來用」需要付費用 **rent**（屋子或空間）／免費 **borrow**（可移動）、**use**（不可移動）
> ●「出借」是 **lend O_1 O_2**，而收錢出租房子用 **rent**

Lesson 50　「說」的慣用法

58

本課 POINT！

talk 和 speak 是不及物動詞，tell 和 say 是及物動詞。

　　與「說」和「談話」相關的動詞相當地多，在此介紹 talk、speak、tell、say 四個動詞的區分用法。此處先將四個字分為 talk、speak 和 tell、say 兩大組。talk 和 speak 是不及物動詞，tell 和 say 是及物動詞。

talk 和 speak是不及物動詞

　　talk 和 speak 是不及物動詞，要在後面加上介系詞 to 才能以人當作受詞。事實上，talk 和 speak 有部分用法相通，簡單地說，talk 是需要說話對象的「對話」；speak 是把焦點放在發語者身上的「發言」。talk 可用受詞當作話題，寫成 talk about，指「談談這件事」。

❶ **Let's talk about the next travel plan.**

譯　我們來聊聊下次的旅行計畫吧。

　　接著是以人當作受詞的 talk to，意思是「對誰說」。

❷ **I would like to talk to you for a few minutes.**

譯　我需要幾分鐘的時間對你說話。

　　但 talk 也有例外可當及物動詞的用法，如 talk O into doing，意思為「說服 O 去做……」。

❸ I talked my father into buying me a nice bag.

譯 我說服爸爸買了一個很棒的包包給我。

　　此外，speak 以人當作受詞時，寫成 speak to「跟誰說」；以話題當作受詞時，寫成 speak about「說關於～」，兩者也能同時使用，句型為：speak to 人 about 話題，意指「與人談論某個話題」。

❹ He spoke to me about his family.

譯 他向我談到了他的家人。

　　只有當受詞為「語言」時，speak 可當作及物動詞來使用。例如 speak Engish（說英語）、speak Japanese（說日語）等。

❺ Do you speak English?

譯 你會說英語嗎？

　　我們繼續看 tell 和 say。

tell 和 say 是及物動詞

　　tell 和 say 是可以直接接受詞的及物動詞。從意思上來看，tell 是「告訴」，和 talk 一樣需要對象；say 是「說話」，和 speak 一樣，不見得需要對象。tell 首要的用法是 tell A about B，「告訴 A 關於 B」，例如「她告訴我關於自己的公司」，英文寫成 She told me about her company.。

Part
9

動詞的慣用法

6 She told me about her company.

譯 她告訴我關於自己的公司。

接著看 tell 最具代表性的用法，tell O₁ O₂，「告訴 O₁ O₂ 是……」。

7 Could you tell me the way to the station?

譯 可以告訴我到車站要怎麼走嗎？

順帶一提，「問路」時會用 tell，不用 teach。teach 是教授知識和技術的動詞，tell 只是單純傳達資訊，所以「路怎麼走」要使用 tell。接著來看在 tell O₁ O₂ 的 O₂ 加入 that 子句的 tell O that～，「告訴 O 那件事」。

8 My mother told me that I should see the doctor.

譯 媽媽告訴我，我必須去看醫生。

tell 的最後一個慣用法為 tell O to do，「告訴 O 要去做……」，這是命令人時使用的句子。

9 My parents told me to study hard.

譯 我的父母叫我要用功讀書。

最後來看 say 的慣用法。say 是「說話」，可以使用發言的內容或話語本身作為受詞，例如以 that 子句作受詞，寫成 say that，「說那件事」。

⑩ He said that he would return by noon.

譯 他說中午時會回來。

還有一個用法是以話語本身作為受詞，例如 say hello to「對誰打招呼」、say good-bye to「對誰說再見」、say yes「說『是』」等。

⑪ He said good-bye and left.

譯 他說完再見便離開。

順帶一提，good-bye 是 God be with you. 的縮寫，為了避免直呼 God，所以變成 Good。you 在古時候寫成 ye，因此 be with you 縮寫為 bye，最後變成 good-bye。

在此歸納一下，talk 和 speak 通常是不及物動詞，tell 和 say 是及物動詞。在例外的情況下，如 talk O into doing「說服 O 去做……」及 speak 語言 這兩種情形，talk 和 speak 也能當作及物動詞來使用。請連同動詞、搭配的介系詞及句型一起記。

Part
9
動詞的慣用法

```
「說」的慣用法總整理
● talk 和 speak 是不及物動詞
・後面接話題用 talk about
・後面接說話的對象用 talk to, speak to
・例外當作及物動詞的用法：talk O into doing「說服 O 去做……」、speak
  言語
● tell 和 say 是及物動詞
・tell A about B「告訴 A 關於 B」
・tell O₁ O₂「告訴 O₁O₂是……」            ・tell O that ～「告訴 O 那件事」
・tell O to do「告訴 O 要去做……」         ・say that ～「說那件事」
・say hello to ～「對某人打招呼」          ・say good-bye「說再見」
```

59

Lesson 51 「適合」的慣用法

本課 POINT！

fit 為尺寸，suit 為顏色或服裝，go with 是兩樣東西相輔相成。

簡單一句「適合」，英語就分成 fit、suit、go with、agree with 等說法。

fit 是「合身」

除了「合身」之外，fit 也用在與人有關的尺寸上，例如服裝合不合身、鞋子的尺寸合不合腳等。

> **❶ These shoes just fit me.**
> 譯 這雙鞋我穿起來很合腳。

合腳

接著來看 suit 的用法。

suit 是顏色或服裝「適合」

suit 以人或物當作受詞時，指「這件衣服和這個人很搭」，意思為「適合」。例如「你很適合戴這頂帽子」就能說 The hat suits you very much.。

> **❷ The hat suits you very much.**
> 譯 你很適合戴這頂帽子。

此外，「顏色很搭（適合）」等句子也用 suit。

> **❸ Blue suits you very much.**
> 譯 你很適合穿藍色。

附帶一提，become 在句型 3（S V O）的 become O「適合 O」也是接近 suit 的用法。接著來看 go with。

go with是「兩樣東西相輔相成」

go with 會同時以主詞和受詞表達「兩樣東西相輔相成」。比方說，主詞是領帶，受詞為外套，就會變成「領帶和外套很搭」的「適合」。

❹ **His tie goes with his jacket.**

譯 他的領帶和外套很搭。

此外，go with 可以用 match 一字取代。最後介紹 agree with「適合」的用法。

agree with是「體質適合」

agree with 以天氣、食物等當作主詞，以人當作受詞，用在「體質適合」的文脈上。

❺ **This wet climate doesn't agree with me.**

譯 我不適合這種多雨的天氣。

Part
9
動詞的慣用法

「適合」的慣用法總整理

● fit 人　　　　　　　　　　「合身」
● suit 人 = become 人　　　「（顏色、服裝等）適合」
● go with 物 = match 物　　「兩樣東西相輔相成」
● agree with 人　　　　　　「（食物或氣候）體質適合」

Part9 動詞的慣用法總整理

Lesson48 不及物動詞與及物動詞的慣用法

不及物動詞	及物動詞
rise「上升」	raise「舉起」
grow up「長大」	bring up = raise O「養育」
lie「躺（在）」	lay「使人躺下（擺放）」

Lesson49「出借」、「借來用」的慣用法

● 「借來用」需要付費用 rent（屋子或房間），免費用 borrow（可移動）、use（不可移動）

● 「出借」是 lend O1 O2，而收錢出租房子用 rent

Lesson50「說」的慣用法

● talk 和 speak 是不及物動詞
· 後面接話題用 talk about
· 後面接說話的對象用 talk to、speak to
· 例外當作及物動詞的用法：talk O into doing「說服 O 去做……」、speak 語言
● tell 和 say 是及物動詞
tell A about B「告訴 A 關於 B」
tell O1 O2「告訴 O1 O2是……」　　　　tell O that～,「告訴 O 那件事」
tell O to do,「告訴 O 要去做……」　　　say that,「說那件事」
say hello to「對誰打招呼」　　　　　　say good-bye to「對誰說再見」

Lesson51「適合」的慣用法

● fit 人　　　　　　　　　　　「合身」
● suit 人 = become 人　　　　　「（顏色、服裝等）適合」
● go with 物 = match 物　　　　「兩樣東西相輔相成」
● agree with 人　　　　　　　　「（食物或氣候）體質適合」

60

英文文法專欄⑨

「懷疑」的慣用法

　　doubt 和 suspect 都翻作「懷疑」，兩者在使用上不能混淆，但我依稀記得初次看到文法說明時，看得一頭霧水。文法上的說明為：doubt 用在否定懷疑，suspect 用在肯定懷疑。問題是，都已經是懷疑了，何來「肯定」呢？

　　事實上，上述說明遺漏了重要資訊。doubt 和 suspect 只在受詞為 that 子句時會出現肯定與否定的差異。此種情況下，兩者的語意已脫離「懷疑」，doubt that 是「我認為不是」；suspect that 是「我認為是」。

doubt that＝don't think that～

　　用英語來理解英語，doubt that 就是 don't think that～，意思為「我認為不是」。

> **例 I doubt that my team will win.**
>
> **譯** 我不認為自己的隊伍能贏。

　　補充一下，如果是 don't doubt that 即為雙重否定（負負得正），用強烈語氣表示「絕對是」。

suspect that＝think that～

　　同樣地，suspect that 就是 think that～「我認為是」。

> **例 I suspect that he is telling a lie.**
>
> **譯** 我認為他在說謊。

Lesson 52 形容詞的慣用法

61

> **本課 POINT！**
> 了解「昂貴與便宜」及「多寡」怎麼用！

「昂貴與便宜」的英語是 expensive 與 cheap。但如果是「這個包包的價格比我想的還要貴」，英語卻**不能說** The price for that bag is more **expenseve** than I expected.，為什麼呢？

price、salary、income 不能使用 expensive 或 cheap！

expensive 精準的語意為**「昂貴的」**，意即**「價格高昂」**，因為語意裡包含了 price，所以不能重複使用。這種時候單純用 high 就好。

---

❶ The price for that bag is higher than I expected.

🔊 譯 這個包包的價格比我想的還要貴。

同樣地，「我的薪水年輕時很低廉」也不能說 My salary was very cheap when young.。聰明的你應該已經發現了，cheap 精準的語意為**「便宜」**，**這個字本身便包含了「價格」**。而 salary（薪水）和 price 一樣，是「透過勞動獲得的價格」，所以形容「薪水高、薪水低」時，不能使用 expensive 或 cheap，要用 high 或 low 來表示。

---

❷ My salary was very low when young.

🔊 譯 我的薪水年輕時很低廉。

橘子

類似 price 和 salary 的字還有 income（**收入**）。收入也是「透過勞動獲得的價格」，因此形容「高與低」時不用 expensive 或 cheap，要用 high 或 low 來表示。我們接著來看**「多寡」**怎麼用。

traffic、population、audience 不能使用 much 或 little！

　　想要說「交通量龐大」時，很容易不小心說成 The traffic is much.，但別忘了 traffic 的精準語意為「交通量」，因為是**分量的輕重多寡**，所以要用 heavy 或 light 來表示。

❸ **The traffic is usually heavy around here.**

🈯 這附近總是交通擁擠。

　　接著來看 population（人口）的多寡該怎麼用，這也是容易誤用 much、little 來形容的單字。但是，**人口不是聚焦於一、兩人，而是住在某區域的龐大人數總和，要用「大小」來考量**，所以使用 large 或 small 來表示。

❹ **How large is the population of Tokyo?**

🈯 東京有多少人口呢？

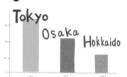

　　其他還有 audience（觀眾、聽眾）一樣要用 large 或 small 來表示多寡。**觀眾不是單指一、兩個人，而是指龐大人數的總和，要用「大小」來考量，所以是 large 或 small**。

> **形容詞的慣用法總整理**
> ● **price**（價格）、**salary**（薪水）、**income**（收入）的高低不能使用 **expensive**（高價的）或 **cheap**（廉價的）來表示，要用 **high**、**low** 來表示
> ● **traffic**（交通量）的「多寡」要用 **heavy**、**light** 來表示
> ● **population**（人口）、**audience**（觀眾）的「多寡」要用 **large**、**small** 來表示

62

Lesson 53 副詞的慣用法

　　過去時態會用 ago 表示「之前」，例如「這堂課在十分鐘前結束了」，英文會用 The class was over ten minutes ago. 來表示。

---

❶ The class was over ten minutes ago.

　　這堂課在十分鐘前結束了。

```
18：30
ten minutes ago
18：20
```

　　我們接著看英語的另一個「之前」，before。

ago 是過去時態，before 是過去完成式。

　　以過去為基準表示「之前」，要用過去完成式及 before。例如「當我抵達車站時，末班車已在十分鐘之前開走」，英文會說 When I got to the station, the last train had left ten minutes before.。這個 before 是副詞的 before，所以是「之前」。

---

❷ When I got to the station, the last train had left ten minutes before.

譯 當我抵達車站時，末班車已在十分鐘之前開走。

```
24：00
ten minutes before
23：50
```

　　附帶一提，before 也能單獨使用，用在現在完成式的句子裡，如 I have seen you before.，意思為「我以前見過你」。接著來看「最近」的慣用法。

英語的「最近」有 these days、recently、nowadays、lately 等說法，以下教你如何區分它們。

these days 是現在時態，其他時態用 recently。

「最近」最常用到的單字是 these days 和 recently。these days 用在現在時態。

❸ **These days more and more women work after marriage.**

譯 最近有越來越多女性結婚之後還在工作。

另外，nowadays 是比 these days 還生硬的單字，兩者意思相同，一樣用在現在式，只是 nowadays 適合用來寫文章。至於現在時態以外的時態，像是過去時態或現在完成式等，想要表達「最近」時，一律使用 recently。例如，想用過去時態表示「他最近結婚了」，就可以說 He got married recently.。

❹ **He got married recently.**

譯 他最近結婚了。

總結來說，「最近」要配合時態來使用。**現在式的「最近」用 these days** 或比較艱澀的 nowadays 來表示；**過去式、現在完成式的「最近」用 recently** 來表示；lately 則主要用在現在完成式。

副詞的慣用法總整理
● ～ **ago** 用在過去式 ⇔ ～ **before** 用在過去完成式
● 現在式的「最近」 ⇒ **these days**、nowadays
● 過去式、現在完成式的「最近」 ⇒ **recently**、lately

63

Lesson 54 「客人」的慣用法

本課 POINT！

區分七種「客人」的用法！

　　簡單一句「客人」，英語裡卻有各式各樣的說法，像是 passenger、customer、guest、visitor、audience、spectator、client 等，我們必須一一來了解。首先從 passenger 開始吧。

passenger 是「通過眼前的客人」

　　passenger 是 pass「通過」＋ -er「～的人」＝「通過眼前的客人」，例如坐在公車或計程車上、從眼前通過的客人，由此衍伸出「乘客」的用法。看到公車裡擠得滿滿的乘客時，我們可以說 There are many passengers on this bus.，意思為「這輛公車裡有許多乘客」。

❶ **There are many passengers on this bus.**

譯 這輛公車裡有許多乘客。

　　接著來看 customer，「顧客」。

customer 是「習慣來買東西的客人」

　　光說 customer ＝顧客，應該很多人感到一頭霧水。事實上，customer 的「顧客」指「常客」，只要了解語源就不會弄錯意思。custom 是「習慣」＋ -er「～的人」＝「習慣來買東西的客人」，因此，customer 是「常客」及「買東西的客人」。

❷ **He is a regular customer at this shop.**

譯 他是這家店的常客。

接著來看 guest，「來賓」。

guest 是「來賓」與「飯店入住客」

　　guest 是常用單字，應該較容易聯想，意思為「派對或餐廳的來賓」，除此之外，還有 hotel guest「飯店入住客」的用法。因為是飯店的客人，所以也有接待來賓的意思。

❸ **The hotel takes very good care of its guests.**

譯 這間飯店對入住的客人服務很好。

接著來看 visitor，「訪客」。

visitor 是「自發性來訪的客人」

　　visitor 是 visit「拜訪」＋ -er「～的人」＝「自發性來訪的客人」。這種客人和家裡招待的 guest 不一樣，沒有事先通知便突然登門拜訪。從文脈來看，有時也等於「觀光客」。

❹ **We have many visitors from the U.S. every year.**

譯 我們每年有許多觀光客來自美國。

接著來看 audience，「聽眾（中文通「觀眾」）」。

audience 是享受「聲音」的客人

audience 是享受 audio「音訊」的客人，所以是指聽演唱會、聽演講的「聽眾」。從「聽」可以聯想到參加音樂會、聽演講的客人。

❺ There was a large audience at the concert.

(譯) 這場演唱會來了相當多的聽眾（觀眾）。

接著來看 spectator，「觀眾」。

spectator 是「用眼睛看」的客人

spectator 是 spect「看」＋ -er「～的人」＝「用眼睛看」的客人，指觀看棒球比賽的「觀眾」等。相較於 audience 是「用耳朵聽」，spectator 著重於「用眼睛看」。

❻ There were many spectators at the baseball game.

(譯) 這場棒球賽有許多觀眾。

最後來看 client，「**委託人**」。

client 是「律師的客人」

client 雖然也是客人，但是律師的客人，所以是「委託人」。

❼ I am acting for my client.

🈁 我是委託人的代理人。

「客人」的慣用法總整理

● **passenger**「乘客」　　⇒「通過」眼前的客人
● **customer**「顧客」　　⇒「習慣」來買東西的客人
● **guest**「來賓、入住客」　⇒派對或飯店接待的客人
● **visitor**「訪客、觀光客」⇒自發性來訪的客人
● **audience**「聽眾」　　⇒享受「聲音」的客人
● **spectator**「觀眾」　　⇒「用眼睛看」的客人
● **client**「委託人」　　⇒律師的客人

Lesson **55** 「錢」的慣用法 64

在此介紹五種代表「錢」的名詞，讓我們從 fee 開始看吧。

fee 是「付給專才的費用」

fee 是「付給專才的費用」。a tuition fee 是「學費」，指付給學校老師的費用；an entrance fee 是「入會費」，指付給健身房教練的費用；an admission fee 是「入場費」，指付給遊樂園等娛樂場所的費用。

❶ The tuition fee for the school is very high.

譯 這間學校的學費很貴。

接著來看 fare，「車費」。

fare 是「（大眾運輸的）車費」

fare 是付給公車、計程車等大眾運輸工具的「車費」。

❷ The bus fare is about $10.

譯 這輛公司的車費是十元。

接著是 fine，「罰金」。

fine 是「（付錢了結犯罪的）罰金」

fine 是「罰金」，語源與 finish 相同，指「結束」。例如違規時繳納罰款「了結犯罪（贖罪）」。

❸ I paid a $40 fine for speeding.

譯 我因為超速違規繳了 40 元的罰金。

接著是 cost，「**費用**」。

cost 是「（某件事的）開銷費用」

cost 的「**費用**」是「**相對開銷**」，指某件事所花掉的錢，如「**生活費**」就是 the cost of living。

❹ The cost of living here is very high.

譯 這裡的生活費相當貴。

最後看 charge，「**費用**」。

charge 是「（公共服務的）費用」

charge 用來指「**瓦斯費、水電費等公共服務的費用**」。

❺ The charges for the utilities are low this month.

譯 這個月的瓦斯水電費真便宜。

「錢」的慣用法總整理

● fee「付給專才的費用」   ⇒ tuition fee「學費」
                                            admission fee「入場費」

● fare「（大眾運輸的）車費」 ⇒ a bus fare「公車費」
● fine「（付錢了結犯罪的）罰金」 ⇒ fine for speeding「超速違規罰金」
● cost「（某件事的）開銷費用」 ⇒ the cost of living「生活費」
● charge「（公共服務的）費用」 ⇒ the charges for the utilities「公共費用」

Lesson52 形容詞的慣用法

● price（價格）、salary（薪水）、income（收入）的高低要用 high、low 來表示
● traffic（交通量）的「多寡」要用 heavy、light 來表示
● population（人口）、audience（觀眾）的「多寡」要用 large、small 來表示

Lesson53 副詞的慣用法

● ago 用在過去式；before 用在過去完成式
● 現在式的「最近」用 these days；過去式、現在完成式的「最近」用 recently

Lesson54「客人」的慣用法

● passenger「乘客」 ➡「通過」眼前的客人
● customer「顧客」 ➡「習慣」來買東西的客人
● guest「來賓、入住客」 ➡派對或飯店接待的客人
● visitor「訪客、觀光客」➡自發性來訪的客人
● audience「聽眾」 ➡享受「聲音」的客人
● spectator「觀眾」 ➡「用眼睛看」的客人
● client「委託人」 ➡律師的客人

Lesson55「錢」的慣用法

● fee「付給專才的費用」 ➡ tuition fee「學費」
            admission fee「入場費」
● fare「（大眾運輸的）車費」 ➡ a bus fare「公車費」
● fine「（付錢了結犯罪的）罰金」➡ fine for speeding「超速違規罰金」
● cost「（某件事的）開銷費用」 ➡ the cost of living「生活費」
● charge「（公共服務的）費用」 ➡ the charges for the utilities「公共費用」

英文文法專欄⑩
「預約」的慣用法

　　相當於「預約」的英文單字有兩個，分別是 appointment 與 reservation，我們來看看如何區分它們。

appointment 是「與人約定見面」

　　appointment 的精確語意為「與人約定見面」。這個字除了用來表達「與誰約好要見面」，還能用在預約掛號看病、預約牙醫看診、預約美容剪髮等多種場合。

> 例 **I have an appointment to see a doctor today.**
>
> 譯 我今天有預約看醫生。

　　接著看 reservation。

reservation 是「訂房、訂位」

　　reservation 的「預約」指的是「訂房、訂位」。如你所見，這個字裡有個動詞 reserve「預留」，所以是「預留房間、座位」的意思，能廣泛應用在訂車位、訂機票、訂餐廳、訂飯店等場合。reservation 是美式英語，英式英語叫 booking，意思一樣是「預約」。只要知道動詞 book 的意思是「預約」，就能掌握這個用法。

> 例 **I have to make a dinner reservation.**
>
> 譯 我必須先替晚餐訂位。

鍛鍊4種英文技能

一邊閱讀下列例句，一邊進行英文的聽、說、讀、寫練習。

 練習

1 This book is both interesting and useful.
2 I am not from China, but from Japan.
3 Not only my wife but also my daughter was laughing.
4 When I was in high school, I often played basketball.
5 I have been working since I graduated from university.
6 The movie was so exciting that I couldn't sleep at night.
7 The fact that you are my friend is important.
8 You should study hard so that you can pass the exam.
9 By the time I got home, my family had finished dinner.
10 As soon as you get to the station, please let me know.

寫 練習

11 關起門來說，這個方針並不好。

(   )(   )(   )(   ), this policy is not good.

12 因為他是如此優秀的老師，所以我很尊敬他。

He is (   ) an excellent teacher (   ) I respect him.

13 我一到家立刻開始下雨。

No sooner (   )(   )(   ) home (   ) it started raining.

鍛鍊4種英文技能

一邊閱讀下列例句，一邊進行英文的聽、說、讀、寫練習。

聽 ＋ 說 ＋ 讀 練習

67

1　There is a lot of furniture in this shop.
2　I need some information about this place.
3　I have to finish a lot of homework.
4　I went to bed at ten last night.
5　I came here by bus.
6　He earns 100,000 yen a month.
7　I saw a movie yesterday. The movie was very interesting.
8　Mt. Fuji is the highest mountain in Japan.
9　Look at the moon. It's very beautiful.
10　It is important to respect the old.

寫 練習

11　英國人和日本人有些相似之處。

(　　　　　)(　　　　　　　) are similar to (　　　　)

(　　　　　) in some ways.

12　我和他的女兒成為了朋友。

I (　　　　)(　　　　　)(　　　　　) his daughter.

13　我抓住她的手臂。

I (　　　　　) her (　　　　)(　　　　) arm.

鍛鍊4種英文技能
- -

一邊閱讀下列例句，一邊進行英文的聽、說、讀、寫練習。

 練習

68

1 I like your wallet better than mine.
2 Please seat yourself.
3 Please help yourself to the cake.
4 I could not make myself heard in the shop.
5 I've lost my wallet. I have to buy a new one.
6 I've lost my wallet. Do you know where it is?
7 I will lend you some money if you need it.
8 All of the three women were absent from the meeting.
9 Most of the girls in those days played volleyball.
10 Most of us work too much.

寫 練習

11 我說的法語沒能讓他們聽懂。

I could not ( )( )( ) in French.

12 知道是一回事，教人是一回事。

To know is ( )( ), and to teach is
( ).

13 有些人喜歡咖啡，也有一些人喜歡紅茶。

( ) like coffee, and ( ) like tea.

鍛鍊4種英文技能

一邊閱讀下列例句，一邊進行英文的聽、說、讀、寫練習。

 練習

69

1　I tried not to wake up my sleeping son.
2　It is possible for him to realize his dream.
3　I tried every imaginable method.
4　He has great imaginative powers.
5　My brother is a sensible man.
6　Don't be so sensitive.
7　I am respectful toward the elderly.
8　There are a few apples in my home.
9　There are quite a few toys in his room.
10　There were only a few people in that park.

寫 練習

11　我沒有他那麼擅長寫作。

I am (　　　　　)(　　　　　)(　　　　　) a writer as he is.

12　我總是習慣吃完早餐後散個步。

I (　　　　　)(　　　　　)(　　　　　)(　　　　　) after breakfast.

13　住這裡的人幾乎都使用車子作為交通工具。

(　　　　　)(　　　　　) living here uses cars for transportation.

鍛鍊4種英文技能

一邊閱讀下列例句，一邊進行英文的聽、說、讀、寫練習。

70

1 Everyone in the class laughed at him.
2 I didn't break the dish on purpose.
3 Dinner will be ready in ten minutes.
4 The heavy rain prevented me from going out.
5 Are you for or against the plan?
6 You should be independent of your parents.
7 They robbed the woman of her wallet.
8 I informed her of my new address.
9 I cut the meat with a knife.
10 He solved the problem with ease.

寫 練習

11 令人訝異的是，這支隊伍輸了。

(   )(   )(   ), the team lost the game.

12 時間非常重要。

Time is (   )(   )(   ).

13 我都從我家走路去公司上班。

I walk (   ) my house (   ) my office.

鍛鍊4種英文技能

一邊閱讀下列例句，一邊進行英文的聽、說、讀、寫練習。

 練習 71

1 I rarely go to the movies.
2 He could hardly understand the teacher.
3 Nobody knows what may happen tomorrow.
4 The rich are not necessarily happy.
5 Not all children like soccer.
6 The book is far from satisfactory.
7 She is by no means stupid.
8 He is anything but a gentleman.
9 It is very cold, isn't it?
10 What did you go there for?

寫 練習

11 她是最不可能做那件事的人。

   She is (   )(   ) person (   ) do that.

12 你為什麼在生氣？

   How come (   )(   )(   )?

13 我不明白你在高興什麼。

   I don't know why (   )(   )(   ).

鍛鍊4種英文技能

一邊閱讀下列例句，一邊進行英文的聽、說、讀、寫練習。

 練習

72

1　What in the world did you say to him?
2　What on earth are you doing?
3　I don't watch TV at all.
4　I didn't understand the lecture in the least.
5　This is the very movie I have wanted to see.
6　When young, I was interested in Hollywood movies.
7　If necessary, you can use my PC.
8　I would like to take a picture with you, if possible.
9　He went there, though his parents told him not to.
10　It is not what you say that matters, but how you say it.

寫 練習

11　要不要去看電影？

Would you like to go to the movies?

當然要。

(　　　　)(　　　　)(　　　　).

12　我爸是數學老師，我媽是英文老師。

My father teaches mathematics and (　　　　)

(　　　　)(　　　　).

13　說謊的不是湯姆，而是麥克。

It was (　　　　)(　　　　)(　　　　)(　　　　) that

told a lie.

鍛鍊4種英文技能

一邊閱讀下列例句，一邊進行英文的聽、說、讀、寫練習。

 **練習**

73

```
1   He raised his hand to express his opinion.
2   I am going to rent an apartment in Tokyo next month.
3   Could I borrow your bike?
4   Could I use your bathroom?
5   Could you lend me some money?
6   I would like to talk to you for a few minutes.
7   My parents told me to study hard.
8   He said good-bye and left.
9   These shoes just fit me.
10  The hat suits you very much.
```

寫 練習

```
11  我被養育成要尊敬父母。
    I (          )(          )(              ) to respect my
    parents.
12  可以告訴我到車站要怎麼走嗎？
    Could you (          )(          )(          )
    (          ) to the station?
13  我不認為自己的隊伍能贏。
    I (          ) that my team will win.
```

鍛鍊4種英文技能

一邊閱讀下列例句，一邊進行英文的聽、說、讀、寫練習。

 練習

74

1　The price for that bag is higher than I expected.

2　My salary was very low when young.

3　The traffic is usually heavy around here.

4　The class was over ten minutes ago.

5　When I got to the station, the last train had left ten minutes before.

6　The bus fare is about $10.

7　I paid a $40 fine for speeding.

8　The cost of living here is very high.

9　The charges for the utilities are low this month.

10　I have to make a dinner reservation.

寫 練習

11　他最近結婚了。

　　He (　　　　　)(　　　　　)(　　　　　).

12　這間學校的學費很貴。

　　The (　　　　　)(　　　　　) for the school is very high.

13　我今天有預約看醫生。

　　I have an (　　　　　)(　　　　　)(　　　　　) a doctor today.

解答

- -

Part1

11 (Between) (you) (and) (me), this policy is not good.

12 He is (such) an excellent teacher (that) I respect him.

13 No sooner (had) (I) (gotten) home (than) it started raining.

Part2 · 3

11 (The) (British) are similar to (the) (Japanese) in some ways.

12 I (made) (friends) (with) his daughter.

13 I (caught) her (by) (the) arm.

Part4

11 I could not (make) (myself) (understood) in French.

12 To know is (one) (thing), and to teach is (another).

13 (Some) like coffee, and (others) like tea.

Part5

11 I am (not) (as) (good) a writer as he is.

12 I (always) (take) (a) (walk) after breakfast.

13 (Almost) (everybody) living here uses cars for transportation.

Part6

11 (To) (my) (surprise), the team lost the game.

12 Time is (of) (great) (importance).

13 I walk (from) my house (to) my office.

Part7

11 She is (the) (last) person (to) do that.

12 How come (you) (are) (angry)?

13 I don't know why (you) (are) (happy).

Part8

11 Would you like to go to the movies?

(I'd) (love) (to).

12 My father teaches mathematics and (my) (mother)(English).

13 It was (not) (Tom) (but) (Mike) that told a lie.

Part9

11 I (was) (brought) (up) to respect my parents.

12 Could you (tell) (me) (the) (way) to the station?

13 I (doubt) that my team will win.

Part10

11 He (got) (married) (recently).

12 The (tuition) (fee) for the school is very high.

13 I have an (appointment) (to) (see) a doctor today.

結語

誠摯感謝您拿起本書並讀到最後。

本書介紹了前作未提及的**其他高中英文文法與慣用法**，並特別針對**連接詞與介系詞**的重要範圍集中講解。

遇到抽象概念時，書內均附上具體例子及搭配例句的好懂插圖。每一課除了介紹基礎文法，也利用**＋α 知識補給站與文法專欄**補充應用文法。

本書針對在學中的國中生、高中生及畢業後的社會人士所撰寫，希望能讓大眾學會英語。**無論你今年幾歲，學英文都能幫助自我成長**。期許本書成為各位成長的助力。

延續前作，在此同樣感謝本書的企劃編輯——神吉出版的前澤美惠子女士、為本書做出精美內頁的 NIXinc 公司的二之宮設計、替本書繪製貼切插圖的藤田 hiroko 小姐、替內容仔細校對的 edit 公司的諸位老師，以及陪伴我走到最後的各位讀者，誠摯地謝謝你們。

肘井 學

國家圖書館出版品預行編目（CIP）資料

一本讀通英文文法・詞性：圖解英文詞性與慣用法/肘井學著；韓宛庭譯. -- 初
版. -- 臺北市：商周出版：英屬蓋曼群島商家庭傳媒股份有限公司城邦分公司
發行，民112.01
176面；17*23公分
譯自：高校の英文法・語法が1冊でしっかりわかる本
ISBN 978-626-318-513-5(平裝)

1.CST: 英語 2.CST: 語法 3.CST: 中等教育

524.48   111019081

BV5022
一本讀通英文文法・詞性
圖解英文詞性與慣用法

原 著 書 名／高校の英文法・語法が1冊でしっかりわかる本	企 劃 選 書／何宜珍	
作 者／肘井學	責 任 編 輯／韋孟岑	
譯 者／韓宛庭		

版 權 部／吳亭儀、江欣瑜、林易萱
行 銷 業 務／黃崇華、賴正祐、周佑潔、賴玉嵐、華華
總 編 輯／何宜珍
總 經 理／彭之琬
事業群總經理／黃淑貞
發 行 人／何飛鵬
法 律 顧 問／元禾法律事務所 王子文律師
出 版／商周出版
　　　　　台北市104中山區民生東路二段141號9樓
　　　　　電話：(02) 2500-7008 傳真：(02) 2500-7759
　　　　　E-mail：bwp.service@cite.com.tw
　　　　　Blog：http://bwp25007008.pixnet.net/blog
發 行／英屬蓋曼群島商家庭傳媒股份有限公司城邦分公司
　　　　　台北市104中山區民生東路二段141號2樓
　　　　　書虫客服專線：(02)2500-7718、(02) 2500-7719
　　　　　服務時間：週一至週五上午09:30-12:00；下午13:30-17:00
　　　　　24小時傳真專線：(02) 2500-1990；(02) 2500-1991
　　　　　劃撥帳號：19863813 戶名：書虫股份有限公司
　　　　　讀者服務信箱：service@readingclub.com.tw
　　　　　城邦讀書花園：www.cite.com.tw
香港發行所／城邦(香港)出版群組有限公司
　　　　　香港灣仔駱克道193號超商業中心1樓
　　　　　電話：(852) 25086231傳真：(852) 25789337
　　　　　E-mailL：hkcite@biznetvigator.com
馬新發行所／城邦(馬新)出版群組【Cité (M) Sdn. Bhd】
　　　　　41, Jalan Radin Anum, Bandar Baru Sri Petaling,
　　　　　57000 Kuala Lumpur, Malaysia.
　　　　　電話：(603)90563833 傳真：(603)90576622
　　　　　 E-mail：service@cite. my

版 面 設 計／二之宮匡（NIXinc）
插 畫／藤田hiroko
封 面 設 計／Copy
內 文 排 版／簡至成
印 刷／卡樂彩色製版印刷有限公司
經 銷 商／聯合發行股份有限公司
　　　　　電話：(02)2917-8022 傳真：(02)2911-0053

■2023年（民112）1月05日初版
定價／370元

ISBN 978-626-318-513-5 (平裝)　　　ISBN 978-626-318-511-1（EPUB）

KOUKOU NO EIBUNPOU・GOHOU GA 1 SATSU DE SHIKKARI WAKARU HON
©Gaku Hijii 2021
All rights reserved.
Originally published in Japan by KANKI PUBLISHING INC.,
Chinese (in Traditional characters only) translation rights arranged with
KANKI PUBLISHING INC., through Japan Creative Agency
translation rights © 2023 by Business Weekly Publications, a division of Cite Publishing Ltd.

Printed in Taiwan

城邦讀書花園
www.cite.com.tw

線上版讀者回函卡